SCHATZKAMMERN UND HERRSCHERHÄUSER DER WELT

SCHATZKAMMERN UND HERRSCHERHÄUSER
DER WELT

DIE PÄPSTE

von
Christopher Hibbert

Die Serie SCHATZKAMMERN UND HERRSCHERHÄUSER DER WELT *(Treasures of the World)* wurde entwickelt und realisiert von Tree Communications, Inc., und erscheint bei Stonehenge Press, Inc.

AUTOR DES VORLIEGENDEN BANDES: Christopher Hibbert, Fellow of the Royal Society of Literature, ist Verfasser und Herausgeber zahlreicher historischer und biographischer Werke und der Autor von *The House of Medici: Its Rise and Fall* und *Days of the French Revolution.*

WISSENSCHAFTLICHE BERATER: *The Reverend L. Augustine Grady, S.J.,* Professor der Theologie an der Universität von Fordham, beschäftigt sich hauptsächlich mit der Deutung der christlichen Kunst aus der Sicht der Theologie. *The Honorable Edmund Howard,* viele Jahre im diplomatischen Dienst an der Britischen Botschaft in Rom tätig, hat ein Buch über die Geschichte Genuas geschrieben.

Aus dem Englischen übertragen von Dr. Holger Fliessbach
Redaktion: Vera Murschetz
Korrekturen und Register: Irmgard Perkounigg

Lizenzausgabe 1989 für
Manfred Pawlak Verlagsgesellschaft mbH,
Herrsching

© Copyright 1983 der deutschsprachigen Ausgabe
by Christian Verlag GmbH, München
© Copyright 1982 der Originalausgabe *(The Popes)*
by Stonehenge Press, Inc.

Textlayout der deutschsprachigen Ausgabe: Dieter Lidl
Satz: Fotosatz Völkl, Germering
Umschlaggestaltung: Bine Cordes, Weyarn
Printed in Yugoslavia

ISBN: 3-88199-623-0

UMSCHLAG: *Das mit Edelsteinen besetzte Reliquiar aus vergoldetem Silber schenkte der oströmische Kaiser Justin II. im Jahr 570 Papst Johannes III. Nach dem Glauben des Papstes und des Kaisers birgt diese Crux Vaticana ein Stück vom Kreuz Christi.*

TITELBLATT: *Dieses Mosaikfragment aus den Grotten des Vatikans zeigt Johannes VII. (8. Jh.) mit einem Modell des von ihm gestifteten Oratoriums. Der rechteckige Heiligenschein zeigt an, daß das Bildnis zu Lebzeiten des Papstes entstand.*

SEITE 4/5: *»Leo der Große, der sich Attila in den Weg stellt«. Ein Fresko Raffaels aus dem 16. Jh. Über dem Papst schweben die Heiligen Petrus und Paulus mit gezücktem Schwert. Der Hunnenkönig, der 452 die Stadt Rom zu stürmen drohte, ließ sich zur Umkehr bewegen.*

OBEN: *Diese Christusstatue aus dem 13. Jh. befand sich ursprünglich auf dem Altar über dem Grab des hl. Petrus. Die Kupferstatuette ist mit Blattgold überzogen und mit Halbedelsteinen besetzt.*

INHALT

DAS ROM
DER PÄPSTE

Seit dem 1. Jh. bis zum heutigen Tag befindet sich die Residenz der Päpste in Rom. Eine Ausnahme war nur die von 1309–1376 dauernde »Babylonische Gefangenschaft der Kirche«, während der der Papstsitz nach Avignon, Frankreich, verlegt worden war. Die große Karte rechts zeigt das heutige Rom mit den Hauptdurchgangsstraßen und dem Standort wichtiger Kirchen, Residenzen und sonstiger Bauwerke, die mit zwanzig Jahrhunderten Papstgeschichte verbunden sind. Auf dem Kartenausschnitt unten, in größerem Maßstab, ein Teil der Vatikanstadt, in der die Päpste – mit Unterbrechungen – seit dem Jahr 500 residieren. Im Mittelalter verlegten verschiedene Päpste ihren Sitz in den Lateran auf der anderen Seite des Tibers. Die Vatikanstadt ist ein souveräner Staat – mit 0,44 qkm der kleinste der Erde –, der 1929 durch einen Vertrag zwischen dem Heiligen Stuhl und Italien entstand.

KLEINE KARTE:
PETERSKIRCHE UND VATIKANISCHE PALÄSTE

Die ungefähre Entstehungszeit der vatikanischen Bauwerke ist durch drei verschiedene Farben gekennzeichnet. Dunkelrot markiert den Grundriß der im 4. Jh. errichteten ursprünglichen Petersbasilika, die im 15. Jh. abgetragen wurde, um der heutigen Kirche Platz zu machen. Hellrot bezeichnet sind Bauten aus dem 13. bis 17. Jh.; gelb diejenigen aus dem 18. bis 20. Jh.

ZAHLENSCHLÜSSEL:

1 Die heutige Peterskirche
2 Sixtinische Kapelle
3 Die Stanzen Raffaels (Räume in den Borgia-Gemächern, die Raffael und seine Schüler auf Wunsch Julius' II. mit Fresken ausmalten)
4 Die Loggien Raffaels (eine von Raffael entworfene Galerie im Vatikan, in der Leo X. seine Antiquitätensammlung unterbrachte)
5 Borgia-Gemächer (Räume in einer Palastresidenz, deren Bau im 15. Jh. unter Nikolaus V. begonnen wurde und die nach Alexander VI., einem Borgia, benannt wurden)
6 Bronzetüren (1618) am Eingang zum Apostolischen Palast
7 Galerie der geographischen Karten
8 Galerie der Inschriften (Galleria Lapidaria), eine Sammlung von über fünftausend Steininschriften aus heidnischer und christlicher Zeit
9 Vatikanische Bibliothek
10 Damasus-Hof
11 Cortile della Pigna
12 Belvedere-Hof
13 Turm Nikolaus' V. (Cappella Niccolina)
14 Sakristei
15 Berninis Kolonnaden
16 Berninis Bronzebaldachin
17 Pinakothek, ein 1932 eröffnetes Kunstmuseum
18 Casino Pius' IV. (päpstliche Villa)
19 Scala Regia, Berninis monumentale Haupttreppe
20 Scala Pia (eine von Pius IX. erbaute Treppe)
21 Obelisk

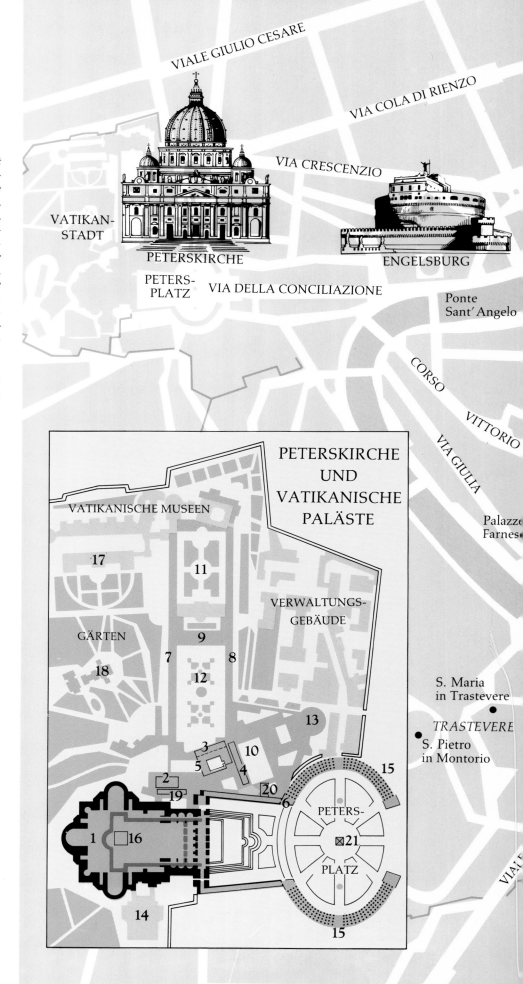

VIALE GIULIO CESARE

VIA COLA DI RIENZO

VIA CRESCENZIO

VATIKAN-STADT

PETERSKIRCHE

PETERS-PLATZ

VIA DELLA CONCILIAZIONE

ENGELSBURG

Ponte Sant' Angelo

CORSO VITTORIO

VIA GIULIA

Palazzo Farnese

S. Maria in Trastevere

TRASTEVERE

S. Pietro in Montorio

PETERSKIRCHE UND VATIKANISCHE PALÄSTE

VATIKANISCHE MUSEEN

VERWALTUNGS-GEBÄUDE

GÄRTEN

PETERS-PLATZ

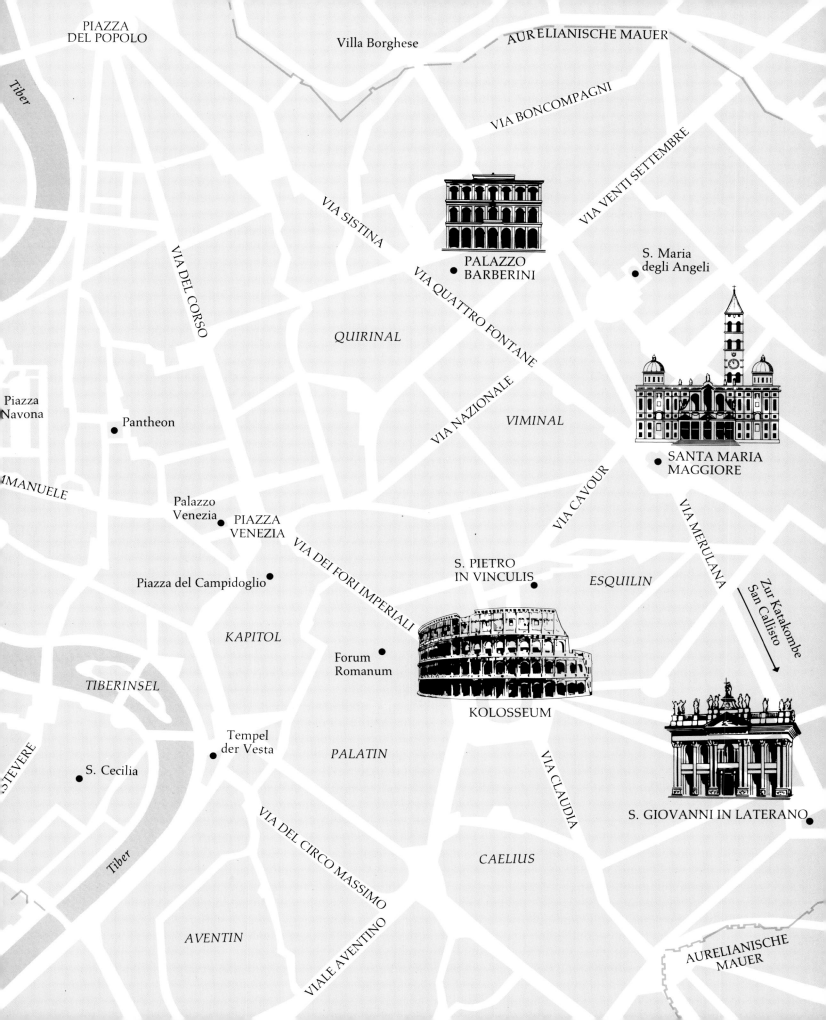

I

DAS ERSTE JAHRTAUSEND

DIE SCHLÜSSEL DES HIMMELREICHS

I m zehnten Jahr der Regierungszeit des Kaisers Nero brach in Rom ein Brand aus, der nach den Worten des Geschichtsschreibers Cornelius Tacitus »schwerer und entsetzlicher war als alles, was unsere Stadt durch des Feuers Gewalt betroffen hat« (Annalen, Buch XV, 38; Hg. Carl Hoffmann). »Der Brand rückte mit Ungestüm weiter vor, stieg zuerst in die Ebene hinab, dann auf die Höhen hinauf und verheerte wieder die Niederungen. So machte er alle Rettungsversuche zunichte, weil er zu schnell fortschritt und die Stadt mit ihren engen, winkeligen Straßen und unregelmäßigen Häuserreihen – so war eben das alte Rom – der Gefahr besonders ausgesetzt war. « Neun Tage wütete der Brand. Die Regierung tat alles, um den obdachlos gewordenen Menschen zu helfen; man öffnete ihnen die kaiserlichen Gärten, errichtete Notunterkünfte und verteilte Lebensmittel. Aber die Römer haßten ihren verruchten Kaiser, und das Gerücht wollte nicht verstummen, daß er die Feuersbrunst befohlen hatte. Es hieß, er habe während der Katastrophe ein Lied gesungen und sich selbst auf der Lyra begleitet. Der Kaiser beschloß daher, die Schuld an dem Unglück auf andere abzuwälzen.

Zu diesem Zweck ging er mit ausgesuchten Martern gegen jene Leute vor, die das römische Volk »wegen ihrer Schandtaten haßte und mit dem Namen ›Christen‹ belegte. Dieser Name stammt von einem Christus, der unter Tiberius vom Prokurator Pontius Pilatus hingerichtet worden war. « Diejenigen, die sich zu diesem Glauben bekannten, wurden gefaßt, und »bei der Hinrichtung wurde noch Spott mit ihnen getrieben, indem sie in Tierhäute gesteckt und von wilden Hunden zerfleischt wurden. Andere wur-

Wandgemälde aus dem 3. Jh. Vermutlich der im Jahr 64 als Märtyrer gestorbene hl. Petrus, das Oberhaupt der christlichen Gemeinde.

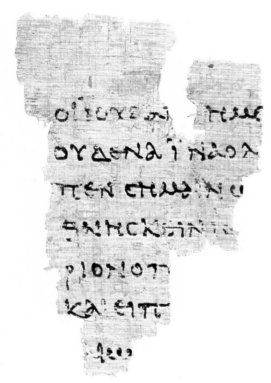

Ein Pergamentstück des zwischen 120 und 130 entstandenen Papyrus Rylands, der ältesten bekannten Handschrift des Neuen Testaments. Der in griechischer Schrift geschriebene, siebenzeilige Text stammt aus dem Johannesevangelium (Kap. 18, 31—38).

den ans Kreuz geschlagen oder, zum Feuertode bestimmt, nach Einbruch der Dunkelheit als lebende Fackeln verbrannt.« Nero stellte für dieses Schauspiel seinen Park zur Verfügung und mischte sich, verkleidet als Wagenlenker, selbst unter die Menge.

Einer von denen, die damals den Märtyrertod erlitten, war der Fischer Simon, jener Jünger Christi, dem der Herr den Namen *petros* (Fels) gegeben und zu dem er gesprochen hatte: »Auch ich sage dir: Du bist Petrus, und auf diesen Fels will ich meine Kirche bauen, und die Pforten der Hölle sollen sie nicht überwältigen. Auch will ich dir die Schlüssel des Himmelreiches geben, und was du auf Erden binden wirst, das soll auch im Himmel gebunden sein; und was du auf Erden lösen wirst, das soll auch im Himmel gelöst sein« (Matthäus 16: 18, 19). Petrus hatte eine einzigartige Stellung als geistliche Autorität der kleinen christlichen Gemeinde inne und war so zum Führer der frühesten christlichen Kirche, zu ihrem ersten irdischen Vater, ihrem Papst geworden. Nach dem Martertod des Petrus nahm ein anderer Stellvertreter Christi seinen Platz ein, und nach diesem wieder ein anderer. So ließ der Glaube an die Ewigkeit ihrer Kirche die Christen immer wieder einen Weg finden, ein neues Oberhaupt zu bestimmen.

Die Verbreitung der frühchristlichen Kirche war, wie uns Tacitus berichtet, durch die neronische Verfolgung zwar eine Zeitlang niedergehalten worden; »aber bald trat dieser verderbliche Aberglaube wieder hervor«. Immer aufs neue befahlen die römischen Kaiser die Verfolgung der Sekte – nach Nero Domitian; danach Trajan und Mark Aurel; hierauf Decius und Valerian; und endlich, am grausamsten und hartnäckigsten, Diokletian, der Sohn eines freigelassenen Sklaven, der 284 von seinen Soldaten zum Kaiser ausgerufen worden war. Dem Kult der römischen Staatsgötter treu ergeben, war Diokletian entschlossen, das Reich von dem fremden Glauben zu befreien, in dem er nicht nur eine Gefahr für die Einheit des Reichs, sondern auch für die Göttlichkeit des Kaisers erblickte. Tausende von Christen wurden erschlagen, aber ihre Religion ließ sich nicht unterdrücken. An der öffentlichen Ausübung ihres Bekenntnisses gehindert, verrichteten sie ihre Andachten in den Wohnungen von Glaubensgenossen. Als letzte Ruhestätte aber dienten den Gläubigen jene labyrinthischen, unterirdischen Gänge, die wir Katakomben nennen.

In das weiche Tuffgestein gehauen, das in der Umgebung Roms

reichlich vorkommt, waren diese Katakomben keine Erfindung der Christen. Vielmehr war der Brauch, die Toten in unterirdischen Felsenkammern beizusetzen, schon jahrhundertelang in der ganzen mittelmeerischen Welt verbreitet. Doch diese christlichen Grabkammern in Rom, von denen sich ungefähr vierzig mit einer Gesamtlänge von über hundert Kilometern unter den Ausfahrtstraßen der Stadt hinziehen, trugen seither den Namen Katakomben. In einer von ihnen bestatteten die Gläubigen die sterblichen Überreste des hl. Petrus – später wurden sie unter der Petersbasilika beigesetzt – sowie die des hl. Paulus, der um das Jahr 67 ebenfalls den Märtyrertod in Rom erlitten hatte. An einer anderen Stelle, die nach einem Papst des dritten Jahrhunderts »Katakombe des Calixtus« heißt, sind verschiedene andere Bischöfe der frühchristlichen Kirche zur letzten Ruhe gebettet.

Alle Katakomben bergen Kostbarkeiten wie Lampen und Gefäße aus vergoldetem Glas *(fondi d'oro)* sowie Reliquien von Märtyrern und von Heiligen. In der Frühzeit der Kirche war die Heiligsprechung nichts Amtliches, sondern ein einvernehmlicher Akt aller Gläubigen. Die Katakomben wurden auch zu Schatzkammern der frühen christlichen Kunst, die den Glauben in Bildern ausdrückte, um ihn den damals des Lesens Unkundigen anschaulich zu machen. Formal orientierten sich die Malereien an den Katakombenwänden, die Skulpturen und die Kleingeräte wie Lampen und Vasen von Anfang an am römischen Kunststil. Die Motive aber stammten aus dem Alten und dem Neuen Testament und drückten die Hoffnung auf Erlösung und Vereinigung mit Gott aus. Manche der frühen Wandmalereien zeigten Symbole, die Jesus Christus versinnbildlichten: den guten Hirten, das Lamm oder auch den Fisch (das griechische Wort für Fisch, *ichthys*, wurde als Akrostichon von »Jesous Christos Theou Hyios Soter« [Jesus Christus, Sohn Gottes, Erlöser] gedeutet).

So wurden die Katakomben im Lauf der Zeit zu heiligen Stätten. Scharen von Pilgern kamen hierher, um zu beten und die Wunder zu bestaunen, die sie in der Dunkelheit der unterirdischen Gänge wahrzunehmen glaubten.

Vor den Zeiten des hl. Hieronymus war die christliche Kirche in Rom schwach und ohnmächtig gewesen; immer schwebte sie in Gefahr, verfolgt oder unterdrückt zu werden. Zu Beginn des vierten Jahrhunderts änderte sich aber die Lage, als Konstantin der

Im Jahr 258 wurde dem römischen Diakon Laurentius (oben auf einem Mosaik aus dem 12. Jh.) befohlen, den von ihm verwahrten Kirchenschatz auszuliefern. Laurentius scharte die Armen und Kranken der Stadt um sich und erklärte: »Das sind die Schätze der Kirche!« Daraufhin erlitt er den Märtyrertod auf dem Rost.

Große den Thron bestieg, ein römischer Kaiser und Konvertit, der unter dem Schutz des Christengottes seine Feinde besiegt hatte und sich als Vorkämpfer für den Glauben verstand. Konstantin erbaute auch die erste dem hl. Petrus geweihte Basilika und beschenkte sie großzügig mit Silber und Grundbesitz. Er baute die Konstantinische Basilika auf dem Gelände der heutigen Kirche San Giovanni in Laterano, benannt nach der großen römischen Familie der Laterani. (Diese und nicht die Peterskirche war eigentlich für alle Zeiten zur römischen Kathedralkirche bestimmt, weil sich in ihr der Amtssitz – die Kathedra – des Papstes, des römischen Bischofs, befand.) Den Führern jenes Glaubens, dessen Beschützer er war, überließ Konstantin den ersten Lateranpalast, der zur Mitgift seiner Frau gehört hatte. Und hier, im privaten päpstlichen Oratorium, das später als Kapelle Sancta Sanctorum bekannt wurde, bewahrten sie die Gerätschaften der Kirche auf – Reliquiare, Kreuze und Kultgegenstände.

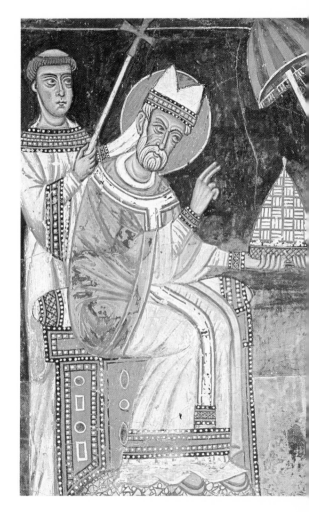

Konstantin starb 337, nachdem er die Hauptstadt seines Reichs nach Byzanz verlegt hatte, das er in Konstantinopel umbenannte. Das Römische Reich zerfiel jetzt in einen weströmischen und einen oströmischen Teil. Die Kirche in Rom begann Gestalt anzunehmen als jene unschlagbare Kraft und Organisation, die als einzige Einrichtung aus der römischen Antike bis heute erhalten geblieben ist. Im Jahr 337 zählte die Kirche bereits über dreißig Päpste, und mehr als zweihundert weitere sollten ihnen folgen. Sie wechselten einander ab an Talent und Unfähigkeit, Heiligkeit und Weltlichkeit, Neid, Eifer, Korruption und uneigennütziger Redlichkeit und bewiesen damit jene erstaunliche Vielfalt an Tugenden und Untugenden, die für die lange Geschichte des Papsttums bezeichnend gewesen ist. Die Väter dieser Päpste waren Bauern und Edelleute, Notare und Flickschuster, Soldaten und Ärzte. Manche Päpste bestiegen den Thron im Greisenalter, andere als halbe Kinder: Gregor IX. war sechsundachtzig; Benedikt IX. achtzehn. Gelehrte waren unter ihnen und Analphabeten, Kriegsherren ebenso wie Friedensstifter. Die meisten waren Italiener, aber es gab auch Franzosen unter ihnen, ebenso Deutsche, Spanier, Griechen, Dalmatiner, Afrikaner, Asiaten, einen Holländer, einen Engländer, einen Portugiesen und in neuester Zeit auch einen Polen. Ungefähr dreißig von ihnen erlitten den Martertod; mindestens achtzig werden als Heilige verehrt.

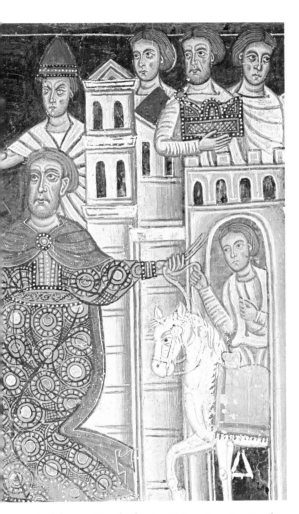

Auf diesem Fresko bietet Kaiser Konstantin dem Papst Silvester I. (314–335) – links im Bild – eine Krone an. Nach der Legende verschmähte Silvester die Krone, das Symbol politischer Herrschaft im Abendland, und zog die bescheidene Mitra des kirchlichen Würdenträgers vor.

Doch so verschieden sie auch in ihrem Charakter und ihren Leistungen sein mochten, nur wenige von ihnen waren sich nicht der herausgehobenen Position bewußt, die sie als Hüter der geistlichen Vormachtstellung der Kirche, aber auch ihrer weltlichen Interessen und ihrer Besitztümer innehatten. Sie waren die Schirmherrn kirchlicher Andachtsstätten und Kunstschätze, in denen sich die sittliche Kraft des christlichen Glaubens widerspiegelte.

Von dieser sittlichen Kraft wurde das Papsttum trotz seiner fehlenden politischen Macht auch getragen, als nach dem Tode des Kaisers Konstantin ganz Europa von Barbareneinfällen erschüttert wurde. Die Westgoten fielen um 410 in Italien ein, die Hunnen um 450, die Vandalen 455, die Langobarden 568. Trotz der Zerstörung christlicher Stätten erstarkte das Christentum mehr und mehr, da immer wieder ein Papst erschien, der sowohl geistliche Ambitionen wie politische Führungskraft besaß. Ein solcher Mann war Leo der Große, der 440 zum Papst gewählt wurde. Das weströmische Reich stand am Rand der Auflösung, und im Osten hatten erbitterte theologische Fehden die Christenheit gespalten. Leo aber, der darauf beharrte, daß in den Päpsten die Autorität und die Gewalten des Apostels Petrus fortlebten, zog unbewaffnet dem gefürchteten Hunnenkönig Attila (Etzel) entgegen. Wortgewandt wie er war, schaffte er es, den finsteren, schrecklichen Mann, der sich nach den Worten eines Zeitgenossen »Herr über alles dünkte«, zur Umkehr zu bewegen. Und als 455 der Vandalenherrscher Geiserich vor den Mauern Roms erschien, da tat Leo alles Menschenmögliche, damit Geiserichs Männer die Stadt mit Mord, Schändung und Brandschatzung verschonten. Zwar hielt Geiserich nicht alle seine Versprechen, aber wenigstens ließen die Vandalen die alten Basiliken unangetastet.

Nach dem Abzug von Geiserichs Truppen wurde das Papsttum allgemein als ein entscheidender Faktor in den europäischen Angelegenheiten anerkannt. Unter der Ägide Leos wurde eine große Zahl Neubekehrter dem Glauben zugeführt, und zahlreiche Kirchen entstanden. Gegen Ende des fünften Jahrhunderts gab es bereits achtundzwanzig Kirchen in Rom. Nachdem 529 der hl. Benedikt ein Kloster in Monte Cassino gegründet hatte, entstanden weitere Klosterbauten; und Mönche – unter dem Pontifikat des frommen und in aller Welt geachteten hl. Gregors I. des Großen (590–604), des »Vaters des Abendlandes« – zogen aus, das westli-

FORTSETZUNG SEITE 22

DIE KATAKOMBEN

Entlang der großen Straßen, die aus Rom hinausführten, legten die ersten Christen unterirdische Gänge von insgesamt hundert Kilometern Länge an, in denen sie ihre Toten begruben. Diese Katakomben – das Wort stammt von dem Flurnamen »ad catacumbas« (bei der Talsenke [an der Via Appia]) – wurden erstmals im 3. Jh. geschaffen, als Land für Friedhöfe zu knapp und zu teuer wurde. Die Katakomben waren die unterirdische Ausdehnung vorhandener Mausoleen. Dann erweiterte man die Grüfte, legte in mehreren Stockwerken neue Galerien unter den alten an und schuf Verbindungsgänge, so daß ein ausgedehntes unterirdisches Wegenetz entstand.

Im Gegensatz zur Legende suchten die Christen in den Katakomben niemals Schutz vor Verfolgern. Die römischen Behörden kannten die genaue Lage aller Katakomben, da Cömeterien (Friedhöfe) offiziell registriert werden mußten. Im Ernstfall hätten also gerade sie schlechte Verstecke abgegeben. Die meisten Katakomben waren einfache, schmucklose Gänge wie der rechts abgebildete. Wohlhabende Christen leisteten sich geräumige Kammern, in denen ihre Angehörigen Gottesdienste abhalten konnten. Totengräber, die gleichzeitig als Maler fungierten, verzierten diese Grüfte mit farbenfrohen Fresken, auf denen Menschen, Tiere und biblische Episoden dargestellt sind. Sie künden, symbolisch, vom christlichen Auferstehungsglauben.

Manchen Kirchenmitgliedern waren Bilder religiösen Inhalts ein Greuel – sie dünkten ihnen als eine Form des Götzendienstes. Doch die christianisierten Römer gingen bald dazu über, ihrem Glauben sichtbare Gestalt zu verleihen: Von den Wänden der Katakomben nahm die christliche Kunst ihren Ausgang.

Auf diesem Fresko (wahrscheinlich aus dem 3. Jh.) bearbeitet ein Totengräber beim Schein einer Öllampe die Wand einer Katakombe.

Schlichte Grabstellen, sogenannte loculi, *befinden sich in den Wänden der rechts abgebildeten Katakombe. Der Boden rund um Rom war für die Anlage solcher unterirdischen Gräber hervorragend geeignet. Er besteht aus Tuff – einem Gestein, das leicht zu bearbeiten, zugleich aber fest und haltbar ist.*

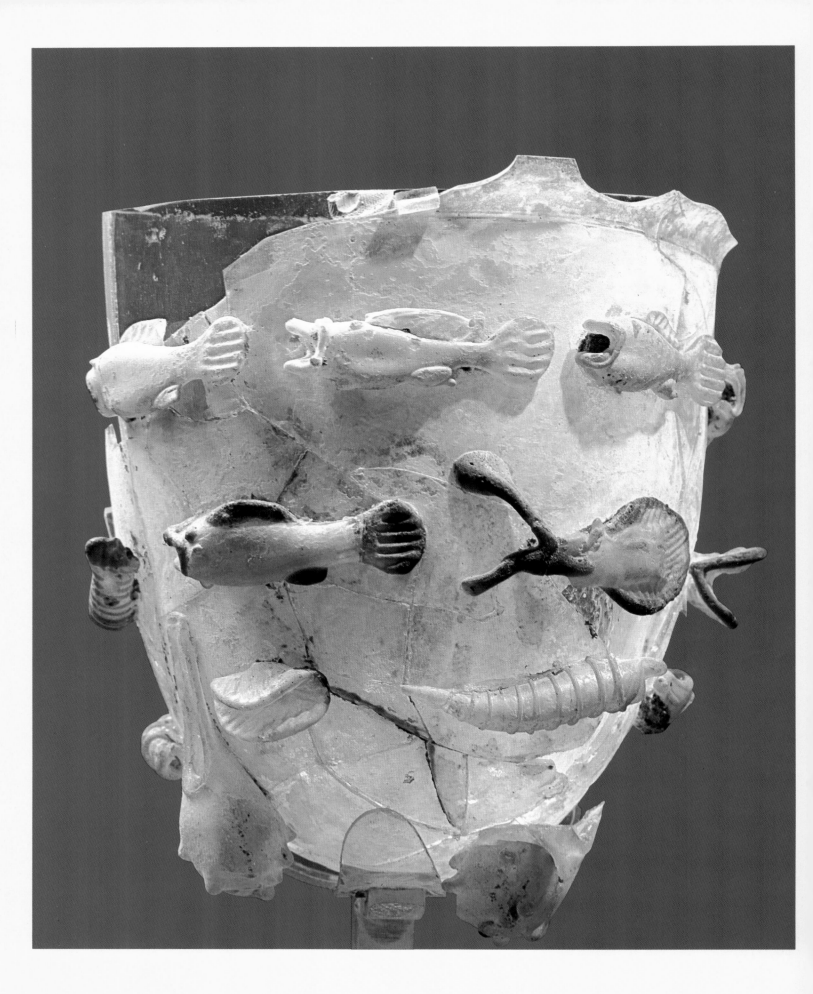

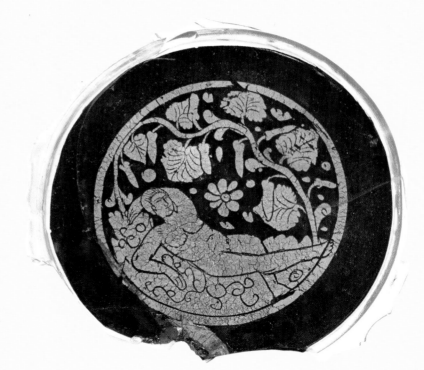

DER SCHLAFENDE JONAS

Wenn die ersten Christen einen Verstorbenen zur letzten Ruhe betteten, begingen sie das Ereignis mit einem Leichenschmaus – ein alter, heidnischer Brauch, der mit neuem, christlichem Geist erfüllt wurde. Der Tod war ein Anlaß zur Freude; denn der Entschlafene würde die ewige Ruhe in Christus finden. Das Glasgefäß links stammt aus einer Katakombe und diente vermutlich dazu, einen frommen Trinkspruch auf den Toten auszubringen. Rechts die Böden zweier anderer Trinkgefäße, die nach Gebrauch aus dem Glas gebrochen und als Zeichen der Erinnerung in den Mörtel des betreffenden Grabes gesenkt wurden. Die Verzierungen sind aus Blattgold geschnitten und zwischen zwei Schichten Glas gepreßt. Obwohl diese »Goldgläser« (fondi d'oro) fast nur von christlichen Künstlern hergestellt wurden, sind sie gelegentlich auch mit vorchristlichen Motiven geschmückt. Rechts oben schläft der Prophet Jonas unter einem Wunderbaum (vgl. Buch Jonas, Kap. 4); rechts unten reitet eine Nereide – eine Meeresnymphe aus der griechischen Mythologie – auf einem Meerungeheuer.

LINKE SEITE: Drei Reihen von Meerestieren zieren dieses gläserne Gefäß. Es entstand um 300, als Glas für die Römer noch eine Kostbarkeit war.

GRIECHISCHE MEERESNYMPHE

19

Das Katakombenfresko (links) zeigt die drei Männer, die dem Feuerofen trotzten. Während der babylonischen Gefangenschaft der Juden, von der der Prophet Daniel im Alten Testament berichtet, ließ König Nebukadnezar diese drei Männer – Schadrach, Meschach und Abed-Nego – in den glühenden Ofen werfen, weil sie sich weigerten, die von ihm errichtete goldene Bildsäule anzubeten. Sie gingen furchtlos ins Feuer, wurden von einem Engel Gottes behütet und kamen unversehrt wieder heraus. Diese Geschichte vom Glaubensmut, der der Verfolgung widersteht, gereichte den Christen zum Trost. Hier zeigt der Maler die drei Männer, wie sie mit erhobenen Armen Gott für ihre Errettung preisen.

Ungefähr dreihundert Darstellungen des Guten Hirten (links) befinden sich in den Katakomben. Das Bildmotiv geht unter anderem auf ein Gleichnis Jesu im Lukasevangelium zurück: Der gute Hirte geht dem verlorenen Schaf nach, bis er es findet – ein Symbol für das Streben Christi, jeden einzelnen Sünder auf den rechten Weg zurückzubringen. Für die ersten Christen aber hatte die Gestalt des Hirten noch eine andere Bedeutung. Sie glaubten, daß Christus die Seele des Gläubigen ins Paradies geleite und vor Dämonen schütze, so wie der Hirte links das Schaf auf seinen Schultern trägt – eine Vorstellung, die ihnen Stärke verlieh.

Kerzen erleuchten die Katakombe des hl. Calixtus (rechts), eines Diakons, der später Papst wurde. Die Wandmalerei stellt Christus dar, wie das Kreuz in dem Heiligenschein zeigt. Durch den Gang, links im Bild, gelangt man zur Papstgruft, in der neun Märtyrerbischöfe aus dem 3. Jh. begraben sind. Die Katakombe des hl. Calixtus war die erste offizielle Begräbnisstätte der christlichen Gemeinde Roms.

FORTSETZUNG VON SEITE 15

che Europa und England zu missionieren. In dem Maße, in dem sich das Mönchswesen ausbreitete, entfaltete sich auch die christliche Kultur und gewann das Papsttum an Ansehen.

Zur selben Zeit nahm auch die weltliche Macht des Papsttums einen bedeutsamen Aufschwung: Erstens erhob sich im achten Jahrhundert das Volk von Rom, verjagte die Repräsentanten des oströmischen Kaisers und errichtete ein eigenes politisches Regiment unter dem Papst. Zweitens wurde die weltliche Macht des Papsttums durch das Bündnis gestärkt, das Papst Stephan II., gewählt 752, mit dem Frankenkönig Pippin dem Kleinen gegen die langobardischen Eindringlinge in Italien schloß. Pippin wies dem Papsttum große Teile langobardischen Landes in Mittelitalien zu, aus denen später der Kirchenstaat entstehen sollte. Damit wurde der Papst zu einem souveränen Landesherrn.

Das Bündnis zwischen Papsttum und Frankenreich wurde noch gefestigt, als der fränkische Thron auf Pippins Sohn Karl (den Großen) überging, einen tatkräftigen, ehrgeizigen und wahrhaft königlichen Mann. Er wurde Beherrscher eines Reichs, das fast das ganze heutige Frankreich, Belgien und Holland sowie Teile des heutigen Deutschlands und der Schweiz umfaßte. Auf einer Reise nach Rom erwachte jedoch in Karl der ehrgeizige Plan zu einem noch größeren Reich, einem »Christianum Imperium«, das das alte Reich der Cäsaren ablösen und sich vom Süden der Alpen bis an den Rhein und die Weichsel erstrecken sollte, als ein abendländischer Hort der Kultur und Gelehrsamkeit. Am Weihnachtstag des Jahres 800, nach einer feierlichen Messe in der Peterskirche, krönte Papst Leo III. Karl zum römischen Kaiser. Das abendländische Kaisertum war somit wiedererstanden.

Eine Zeitlang gedieh nun die Kirche unter dem Schutz des Kaisers. Als er aber starb, sank das Ansehen der Kirche auf den tiefsten Punkt in ihrer langen Geschichte. 846 fielen die Sarazenen in Rom ein und plünderten die beiden Apostelbasiliken. Am Ausgang des Jahrhunderts war das Papsttum jedem bewaffneten Druck wehrlos ausgeliefert – der Bauer im Schachspiel rivalisierender römischer Adelscliquen. Danach waren es die deutschen Träger des römischen Kaisertitels, die – ohnehin nicht sehr zuverlässig als Bundesgenossen gegen die römischen Adligen – das Papsttum dominierten, wo sie konnten.

Doch immer dann, wenn der Kirche die Gefahr völliger Auflö-

Diese Episode – die Enthauptung des Bischofs Mauritius von Florenz und zweier weiterer Männer durch barbarische Plünderer – ist zwar Legende, schildert aber treffend den blutigen Aufruhr, in den germanische und byzantinische Heere Italien im 6. Jh. versetzten.

sung drohte, trat wieder ein starker Papst auf, der den Autoritätsansprüchen des Papsttums gegen andere souveräne Fürsten Gehör verschaffte. Gregor VII. beispielsweise, ein großer Reformpapst, der 1073 gewählt wurde, belegte Heinrich IV., den deutschen König und späteren Kaiser, mit dem Kirchenbann. Und als Heinrich 1077 dem Papst entgegenzog, um seine Absolution zu erflehen, ließ Gregor, der sich bei seiner Vertrauten, der Markgräfin Mathilde von Tuszien, auf deren Burg Canossa aufhielt, den König drei Tage lang in Schnee und Kälte vor der Burgmauer warten.

Die Streitigkeiten und Kämpfe des Papsttums mit dem deutschen Kaiser und verschiedenen europäischen Königen setzten sich noch jahrhundertelang fort. Bonifaz VIII., 1294 zum Papst gewählt, machte die unumschränkte weltliche und geistliche Hoheit des Kirchenstaates geltend. In seiner 1302 erlassenen Bulle (ein mit dem päpstlichen Siegel, der *bulla*, versehener Erlaß des Papstes) erklärte Bonifaz: »Wenn also die weltliche Macht in die Irre geht, so wird sie von der geistlichen gerichtet werden.« Bonifaz schleuderte gegen immer mehr neue Gegner den Kirchenbann, um sich Gehorsam zu erzwingen; aber damit brachte er die mächtigen Herrscher des Abendlandes gegen sich auf, vor allem König Philipp IV. den Schönen von Frankreich. Der französische Kanzler Nogaret überfiel mit einer Schar Söldner den päpstlichen Palast in Anagni und setzte dem Oberhirten so schwer zu, daß dieser bald darauf, im Oktober 1303, den Aufregungen erlag.

Zwei Jahre darauf wurde der französische Erzbischof Bertrand de Got zum Papst gewählt. Er nannte sich Clemens V. und verlegte die päpstliche Residenz in das südfranzösische Avignon. 68 Jahre lang lenkten die französischen Päpste von Avignon aus die Geschicke der Kirche – eine Zeit, die als die »Babylonische Gefangenschaft der Kirche« in die Geschichte eingegangen ist (entsprechend der Babylonischen Gefangenschaft der Kinder Israels). Das verlassene Rom sank in Trümmer und Verwilderung. In der Peterskirche und im Lateran graste das Vieh vor den entweihten Altären, und Wegelagerer machten die Straßen unsicher.

Die Päpste hatten zwar nicht die Absicht, in Frankreich zu bleiben; aber erst, als eine bemerkenswerte junge Frau Papst Gregor XI., den letzten französischen Papst, mit ihren Bitten und Forderungen bestürmte, kehrte die Kurie tatsächlich nach Rom zurück,

Papst Gregor (rechts im Bild) überreicht der Langobardenkönigin Theodelinde ein Geschenk (603). Die Königin hatte die Langobarden – germanische Barbaren, die im 6. Jh. in Norditalien ansässig wurden – dazu gebracht, ihren arianischen Ketzerglauben aufzugeben und sich zum weströmischen Katholizismus zu bekehren.

um von nun an im Vatikan zu residieren. Diese Frau, das 23. Kind eines Färbers, eine leidenschaftliche Visionärin und unermüdliche Streiterin für den Frieden, war die hl. Katharina von Siena. Aber auch nachdem ihre Sehnsucht in Erfüllung gegangen und der Papst nach Rom zurückgekehrt war, war das Papsttum nicht gesichert. Auf Gregor XI. folgte der eifernde Urban VI., der sich mit seinem hochfahrenden Wesen und seiner scharfen Zunge so viele Feinde schuf, daß eine Gruppe französischer Kardinäle seine Wahl für erzwungen und ungültig erklärte. Dreizehn von sechzehn französischen Kardinälen sagten sich von Urban los und veranstalteten eine Neuwahl, aus der »Clemens VII.« als Gegenpapst hervorging. So begann das große abendländische Schisma, das die ganze Christenheit spaltete und der Autorität der Kirche unermeßlichen Schaden zufügte. Diese Kirchenspaltung fand erst in dem 1417 vom deutschen Kaiser Sigmund ausgeschriebenen allgemeinen Konzil von Konstanz ihr Ende, als ein neuer Papst, Martin V., gewählt wurde.

Das abendländische Schisma war damit beendet. Martin V. zog wieder in Rom ein, wo er mit der Restaurierung der verwüsteten Kirchen sowie anderer architektonischer Meisterwerke und Kunstschätze der Stadt begann. Dieses Werk setzte Nikolaus V. fort, der 1447 zum Papst gewählt wurde – ein Mann von einfacher Herkunft, der in Florenz Hauslehrer bei verschiedenen vornehmen und gebildeten Familien gewesen war und davon träumte, Rom zum kulturellen Mittelpunkt der Welt zu machen. Vor allem war Papst Nikolaus ein Bibliophile. Wohin er kam, erwarb er seltene Bücher und Handschriften, und schließlich konnte er der Vatikanischen Bibliothek mehr als tausend griechische und lateinische Bände hinterlassen. Diese Bibliothek wurde zu einer der umfangreichsten Sammlungen von Büchern und Handschriften auf der ganzen Welt, aber auch von Medaillen, Münzen und Kunstwerken.

Die Geschichte des päpstlichen Roms als kunsthistorischer Schatzkammer hatte kaum erst begonnen; aber sie sollte ohne Unterbrechung mehr als fünf Jahrhunderte dauern. Die politischen Probleme des Papsttums waren noch keineswegs gelöst, aber die künftigen Päpste trugen als Mäzene hervorragender Künstler das Ihre dazu bei, den Reichtum an Kunstschätzen in der Ewigen Stadt immer mehr zu vergrößern.

DAS ALLER-HEILIGSTE

Der Altar der Kapelle Sancta Sanctorum im Lateran. Unter eisernem Verschluß wurden hier jahrhundertelang die wertvollsten Kirchenschätze verwahrt.

»Auf der ganzen Welt gibt es keinen heiligeren Ort«, lautet eine Inschrift in der päpstlichen Privatkapelle Sancta Sanctorum im Lateranpalast in Rom. In dieser Kapelle, die erstmals im 4. Jh. benutzt wurde, bewahrten die Päpste die ehrwürdigsten Reliquien der Kirche auf: Gewänder des hl. Petrus und Johannes des Täufers; mit Märtyrerblut getränkte Tücher; Steine aus dem Heiligen Land; Reliquien von Märtyrerskeletten und Stücke vom Kreuz Christi. Die Treppe, die zur Kapelle emporführt, stammt vom Palast des Pontius Pilatus in Jerusalem. Diese Stufen betrat Christus am Tag seiner Kreuzigung.

Zur Erhaltung und Verschönerung der am meisten verehrten Glaubensschätze gaben mittelalterliche Päpste die auf den folgenden Seiten gezeigten Reliquiare in Auftrag. Im Lauf der Zeit wurden diese Behältnisse aus Silber, Gold und Email sowie das Tuch, auf dem die Reliquien in diesen Kästchen ruhten, selbst zu Gegenständen der Verehrung.

Nach einer byzantinischen Legende gelangte das Bildnis Christi (links) mit göttlicher Hilfe nach Italien. Als im 8. Jh. die einem strengen Bilderverbot unterworfenen Christen in Konstantinopel das Bildnis zu zerstören drohten, warf ein Bischof es ins Meer – und auf wunderbare Weise tauchte es in Rom wieder auf. 752 trug Papst Stephan II. das Bildnis durch die Straßen Roms und erflehte Gottes Schutz vor den heranrückenden Langobarden.

Die Langobarden verwüsteten das flache Land um Rom und entweihten die Katakomben. Das veranlaßte die Päpste, die Gebeine von Märtyrern aus ihren Gräbern zu nehmen und in römischen Kirchen in Sicherheit zu bringen. Papst Paschalis I. (817—824) ließ mehr als zweitausend Leichen umbetten; die wichtigsten Reliquien brachte er in die Kapelle Sancta Sanctorum. Paschalis war es auch, der die Reliquiare, die auf den Seiten 30—35 abgebildet sind, in Auftrag gab. Das auf der Doppelseite 36—37 gezeigte Tuch, auf das Paschalis ein Reliquiar mit Teilen des Kreuzes Christi legte, besteht aus einem der zu jener Zeit kostbarsten Gewebe – Seide aus Konstantinopel.

Die Reliquien, die Paschalis I. und andere Päpste in der Sancta Sanctorum so zahlreich unterbrachten, gehörten Heiligen, deren Seelen sich, wie man glaubte, im Paradies befanden. So zeugen die frommen Schätze auf diesen Seiten vom unerschütterlichen Glauben an das ewige Leben, auch wenn sie scheinbar an den Tod gemahnen.

Eine kunstvolle silberne Einfassung (links) umrahmt das Bildnis Christi, das unter dem griechischen Namen »Acheiropoietos« (nicht von Menschenhand geschaffen) bekannt ist. Angeblich begann der hl. Lukas schon bald nach der Himmelfahrt Christi, dieses Bild zu skizzieren. Er legte es dann beiseite und stellte später fest, daß es auf wunderbare Weise in Farbe ausgeführt worden war. Das hier abgebildete Gesicht wurde im 12. Jh. auf Seide kopiert und zum Schutz über das Original gelegt. Im 16. Jh. kamen die Medaillons an den Flügeln des Engels hinzu; auf ihnen verewigten sich die Wächter der Kapelle Sancta Sanctorum, die der Bruderschaft der Gesellschaft des Heiligsten Erlösers angehörten.

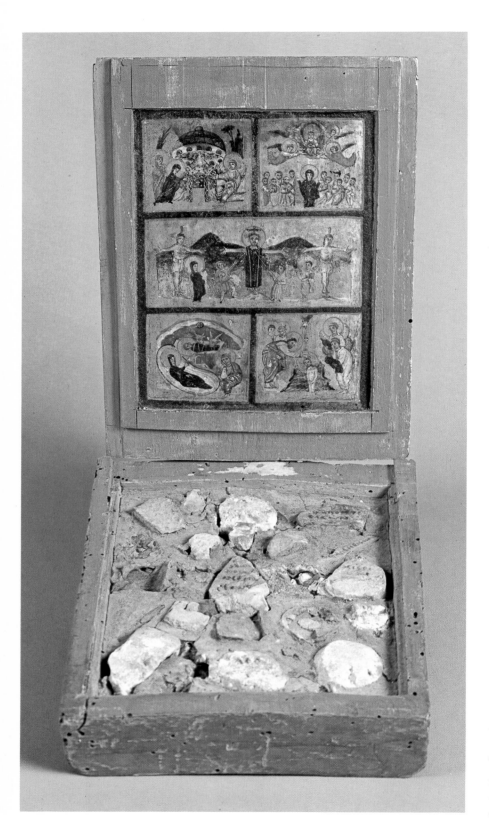

Das farbenfroh bemalte Kästchen links, das wahrscheinlich im 9. Jh. entstand, birgt verschiedene Steine, die ein Pilger im Heiligen Land gesammelt hat. Die fünf Szenen auf der Innenseite des Deckels (S. 29) zeigen von links unten: die Geburt Christi, die Taufe, die Kreuzigung, die Auferstehung und die Himmelfahrt. Griechische Beschriftungen auf zweien der Steine in dem Kästchen verraten, daß sie aus Bethlehem, dem Geburtsort Jesu, und aus der Gegend seines Grabes stammen.

Dieser silberne Behälter aus dem 9. Jh., auf dem Szenen aus dem Leben Christi zu sehen sind, barg einst ein unterdessen verschollenes Reliquiar mit einem Stück vom Kreuz Christi. Die lateinische Inschrift auf dem Mittelfeld des Deckels lautet übersetzt: »Paschalis, der Aufseher des Volkes Gottes, ließ [dies] anfertigen«; gemeint ist Papst Paschalis I. Der römische Silberschmied, der den 28 cm langen Behälter herstellte, vergoldete die erhabenen Teile. Der Griff wurde später angebracht, damit Päpste oder andere hohe Kleriker das Reliquiar bei Prozessionen mit sich tragen konnten.

Das Kreuz in diesem silbernen Behälter ist der kostbarste Schatz in der Sancta Sanctorum. Mit prachtvollen Emailarbeiten verziert, barg es einst Teile des Kreuzes Christi. Das Reliquiar wurde im 9. Jh. von Papst Paschalis I. in Auftrag gegeben. Seine Nachfolger führten es am Karfreitag in der Prozession mit. Auf dem Deckel des Kästchens wird der thronende Christus von den Heiligen Petrus und Paulus flankiert. Von dem Thron gehen vier Ströme aus, die durch eine den Garten Eden symbolisierende Blume (unter dem Ring) fließen.

Das auf Seite 33 und links im Detail wiedergegebene Emailkreuz ist deshalb ungewöhnlich,
weil in seinem mittleren Feld eine apokryphe
Episode der Geburt Christi dargestellt ist. Eine
der Hebammen – auf dem unteren Teil des Bildes rechts neben der Wehmutter, die den neuge-
borenen Christus wäscht – trägt einen Verband
um den Arm: sie hatte an der Jungfräulichkeit
der Muttergottes gezweifelt, worauf ihre Hand
verdorrte. Doch als sie die Windeln des Jesus-
kindes berührte, wurde die Hand wieder gesund. Der hl. Hieronymus, einer der frühen Kir-
chenväter, verwarf diese und ähnliche frommen
Legenden; Papst Paschalis aber, der das Kreuz
in Auftrag gegeben hatte, scheint der Episode
Glauben geschenkt zu haben.

Ein Ausschnitt des farbenprächtigen seidenen Tuchs, auf dem das auf den Seiten 34 und 35 abgebildete Emailkreuz gelegen hat. Man hatte das Tuch wegen seines schönen – wenngleich heidnischen – Motivs gewählt. Die dunklen Flecken auf Hals und Flügeln der Pferde stammen von geweihtem Öl, mit dem ein Papst das Kreuz besprengt hat.

DAS GESCHLOSSENE KÄSTCHEN

Auf dem Deckel dieser vergoldeten Schatulle (rechts), die ein byzantinischer Künstler aus dem 11. Jh. hergestellt hat, befindet sich das links abgebildete leuchtend bunte Emailmedaillon mit dem Bildnis Simons, eines Jüngers Jesu. Links und rechts des Bildes ist in griechischen Buchstaben der Name »Simon« zu lesen. Andere den Deckel des Kästchens zierende Emailarbeiten sind im Detail auf Seite 40/41 abgebildet. An den Seiten der Schatulle befinden sich vier getriebene Heiligenfiguren, darunter (rechts oben) der hl. Johannes Chrysostomus – ein früher Prediger, dessen Name »Goldmund« bedeutet – und der hl. Nikolaus aus dem 4. Jh., der Schutzheilige der Kinder (Nikolaustag). Später wurde das Kästchen nach Rom gebracht, um das Haupt der Römerin Praxedes (1. oder 2. Jh.) aufzunehmen, die noch sehr lange als Heilige verehrt wurde. Frühchristlichen Legenden zufolge gewährte Praxedes in ihrem Haus verfolgten Christen Zuflucht; sie pflegte Opfer der Folter gesund und sorgte für das Begräbnis von Märtyrern. Im Innern des Kästchens, dort wo Tausende frommer Pilger sie geküßt haben, ist die Reliquie abgenutzt.

DAS GEÖFFNETE KÄSTCHEN

EMAILMEDAILLON

Die Jungfrau Maria und Johannes der Täufer zu beiden Seiten des auf einem bunten Thron sitzenden Christus. Emailarbeit auf dem Deckel eines Reliquiars (S. 39). Der sehr natürlich wirkende Faltenwurf der Gewänder ist ein Effekt, den nur ein Meister der Emailkunst hervorbringen konnte, dessen Name freilich unbekannt ist. Sämtliche Emailarbeiten dieses Reliquiars stammen von einem früheren Kunstwerk. Arbeiten von so überragender Qualität waren selten, und die Kunsthandwerker waren froh, sie ein zweites Mal verwenden zu können.

II
PIUS II.

EIN PAPST
DER RENAISSANCE

Im heißen Sommer des Jahres 1458 versammelten sich in Rom Kardinäle aus ganz Europa, um einen neuen Papst zu wählen. Unter ihnen befand sich ein reicher, mächtiger Kardinal aus Frankreich, Guillaume d'Estouteville, der Erzbischof von Rouen, der überzeugt war, gewählt zu werden. Als er in Rom eintraf, wurden er und seine Amtsbrüder in das Konklave geleitet (lat. *conclave*, verschließbares Gemach) – ein Brauch, der 1241 bei der Wahl Cölestins IV. eingeführt worden war, um lange Vakaturen bei einer Papstwahl auszuschließen. Die Kardinäle durften die von der Außenwelt abgeschlossenen Räume, wo sie in Zellen schliefen und in einer Halle konferierten, erst verlassen, wenn sie sich mit Zweidrittelmehrheit auf den Mann geeinigt hatten, den sie für den würdigsten Nachfolger Petri hielten.

In der Absicht, selbst die Nachfolge Petri anzutreten, traf sich d'Estouteville insgeheim mit seinen Anhängern in den Latrinen des Vatikans, wo man ungestört intrigieren konnte, und versprach ihnen für den Fall seiner Wahl reichen Lohn und hohe Ämter. Trotzdem standen die meisten Kardinäle nicht auf seiten d'Estoutevilles, sondern eines nicht minder ehrgeizigen italienischen Kardinals, der bereits zwei Jahre nach Empfang der Weihen zum Bischof von Siena ernannt worden war und sich, im stillen, ebenfalls schon als Papst sah. Als es dann zur Auszählung der Stimmen kam, entfielen auf den Italiener tatsächlich mehr Stimmen als auf seinen französischen Rivalen. Aber die einfache Mehrheit genügte nicht, man mußte zur namentlichen Abstimmung schreiten.

»Alle saßen schweigend und bleich auf ihren Plätzen, als hätten sie den Verstand verloren«, schreibt in seiner lesenswerten Autobiographie der Kardinal von Siena. »Eine ganze Weile sprach niemand ein Wort, keiner rührte auch nur einen Muskel, nur die Augen wanderten hierhin und dorthin. Die Stille war erstaunlich.«

Die Kanonisierung der hl. Katharina von Siena durch Papst Pius II. Fresko von Bernardino Betti, der unter dem Namen Pinturicchio (kleiner Maler) bekannt ist.

Auf einmal erhob sich der junge spanische Kardinal Rodrigo Borgia und erklärte: »Ich stimme für den Kardinal von Siena.« Dann herrschte wieder tiefes Schweigen. Zwei Kardinäle verließen aus Angst vor der offenen Stimmabgabe hastig den Saal, »indem sie ein natürliches Bedürfnis vorschützten«. Danach erhob sich ein anderer und verkündete, daß auch er für den Kardinal von Siena sei. Aber auch damit war die Zweidrittelmehrheit nicht erreicht; es fehlte noch immer eine Stimme. Endlich erhob sich schwerfällig der greise Prospero Colonna, der derselben römischen Familie angehörte wie Martin V. Kardinal d'Estouteville – nach Meinung seiner Rivalen »ein aalglatter Bursche, der seine eigene Seele verkaufe« – eilte zu dem alten Mann, bot ihm den Arm und versuchte, ihn aus dem Saal zu bugsieren. Colonna war empört und rief laut protestierend: »Auch ich gebe meine Stimme dem Bischof von Siena und mache ihn zum Papst!«

Der neue Papst war Enea Silvio de'Piccolomini, genannt Aeneas. Er war das älteste von achtzehn Kindern eines verarmten Edelmannes, der vor den Toren der kleinen toskanischen Stadt Corsignano sein Gut bewirtschaftete. Als Knabe hatte Aeneas mitgeholfen, den trockenen, steinigen Ackerboden zu pflügen. Dem Priester, der ihn unterrichtete, war die Begabung des aufgeweckten Schülers aufgefallen. Und so schnürte der Junge sein armseliges Bündel und zog fort nach Siena und dann nach Florenz, um seine Studien zu vervollkommnen. Er war ein gewissenhafter Student, der in aller Frühe aufstand, sorgfältige Auszüge aus Büchern anfertigte, die er sich nicht leisten konnte, und nachts vor Erschöpfung über seiner Arbeit einschlief, so daß ihn einmal seine brennende Zipfelmütze aus dem Schlummer riß, die sich an der umgestürzten Öllampe entzündet hatte. Doch fand er dazwischen auch Zeit für die Freunde, die er leicht gewann, und ihre sommerlichen Picknicks und winterlichen Schneeballschlachten. Und immer liebte er hübsche junge Mädchen, die seine Gesellschaft bezaubernd fanden. Kinder kamen zur Welt, und mindestens eines von ihnen gab er in die Obhut seiner Eltern nach Corsignano.

Liebenswürdig und gescheit, amüsant und wortgewandt, in jungen Jahren bereits ein talentierter Dichter und überzeugender Redner, hatte Aeneas keine Schwierigkeiten, eine Anstellung zu finden. 1431 bot ihm Kardinal Domenico Capranica, der Bischof von Fermo, die Stelle eines Sekretärs bei ihm an. Dann reisten die

Unter den Augen des Bischofs von Siena begegnet Kaiser Friedrich III. seiner Braut, Leonora von Portugal. Dieser Bischof, Enea Silvio de' Piccolomini – genannt Aeneas –, war acht Jahre Sekretär des Kaisers gewesen; später wurde er Kardinal und – als Pius II. – im Jahr 1458 Papst.

beiden Männer über die Alpen, um an dem Konzil in Basel teilzunehmen, das Papst Martin V. einberufen hatte. Dort wurde Kardinal Albergati auf ihn aufmerksam, ein einflußreicher Prälat, der ihn mit der ersten von vielen diplomatischen Missionen betraute, die er mit großem Geschick auszuüben wußte.

Aeneas bekam den Auftrag, sich nach Schottland zu verfügen und König Jakob I. zu bewaffneten Vorstößen auf englisches Gebiet zu überreden, um so die englischen Streitkräfte in den nördlichen Grafschaften zu binden. England unter König Heinrich VI. befand sich noch im (»Hundertjährigen«) Krieg mit Frankreich, auf dessen Krone die englischen Könige Anspruch erhoben. Das Papsttum hatte kein Interesse daran, daß die französischen Könige durch England entthront würden, und hoffte, durch Aeneas ein Ablenkungsgefecht in Gang zu setzen. Für den jungen Diplomaten wurde diese Mission zu einem aufregenden Abenteuer. Auf der stürmischen Überfahrt knapp einem Schiffbruch entronnen, ging Aeneas in der schottischen Hafenstadt Dunbar an Land. Anschließend zog er, weil er es vor der Muttergottes so gelobt hatte, nackten Fußes auf vereisten Wegen zur nächsten, fünfzehn Kilometer weit entfernten Kapelle. Dann begab er sich an den Hof zu König Jakob, »einem kleinen, dicken Mann von hitzigem Temperament und nach Rache dürstend«.

In Wirklichkeit überfielen die wilden schottischen Krieger den englischen Norden auch ohne den Papst häufig genug; doch scheint es Aeneas gelungen zu sein, den König zu einer Verstärkung seiner Anstrengungen zu bewegen. Danach reiste Aeneas persönlich nach England, wo er, als Kaufmann verkleidet, Schutz im Haus eines Bauern suchte. Die Dorfbewohner bewirteten ihn mit Huhn und Gans. Er revanchierte sich mit Wein und Weißbrot aus einem der umliegenden Klöster. Derlei hatten viele der Dorfbewohner noch nie gekostet. Endlich zogen sich die Männer unter vielen Entschuldigungen in einen steinernen Turm zurück, wo sie, wie gewohnt, Schutz vor den schottischen Überfällen suchten. Die Frauen ließen sie beim Feuer zurück. Ihnen werde kein Leid widerfahren, versicherten sie Aeneas, der hinzufügte, »daß sie zum Leid wohl die Schändung nicht zählten!«.

Zwei der jungen Frauen führten ihren mittlerweile müde gewordenen Gast in einen Raum, dessen Boden mit Stroh bedeckt war, und erboten sich, die Nacht mit ihm zu verbringen. Aeneas,

Als junger Mann im Dienst von Kardinälen und Königen, hatte Pius II. in Bibliotheken wie der oben gezeigten aus dem 15. Jh. gearbeitet. Die steilen Pulte waren für das Studium großformatiger Handschriften vorgesehen. Als humanistisch gebildeter Gelehrter schrieb Pius Werke über Geschichte, Rhetorik und Erziehung sowie eine Autobiographie.

zu erschöpft, um das Angebot anzunehmen, und jeden Augenblick einen feindlichen Überfall befürchtend, schickte die beiden fort. Am nächsten Morgen zog er weiter nach London, wo ihm eröffnet wurde, daß er die Erlaubnis des Königs brauche, wenn er das Land verlassen wolle. Er hielt es für ratsamer, um diese Erlaubnis nicht nachzusuchen, und begab sich statt dessen nach Dover, um die dortigen Hafenbeamten zu bestechen.

Im Dienst verschiedener Herren, wie es der Ehrgeiz ihm eingab, kam er in anderen Missionen weit umher und gelangte nach Frankreich und in die Schweiz, aber auch nach Deutschland. Hier ernannte ihn Kaiser Friedrich III., dessen Sekretär er wurde, zum kaiserlichen Hofpoeten. Überall, wohin er kam, zeigte er die geistige Wendigkeit und Aufgeschlossenheit und die offenen Augen für seine Umwelt, wodurch seine »*Commentarii rerum memorabilium*«, erschienen 1614 in Frankfurt, zu den aufschlußreichsten Autobiographien der Renaissance gehören. Mit scharfem Blick erkannte er die Fehler anderer Menschen und hielt mit seinem Urteil nicht zurück. Über Cosimo de' Medici, den Bankier und Patriarchen von Florenz und Finanzverwalter der römischen Kurie, schrieb Aeneas zwar, er sei ein gebildeter und verständiger Mann, »gelehrter als Kaufleute zu sein pflegen«, aber Niccolo d'Este, der Beherrscher Ferraras, sei »gänzlich der Sinneslust ergeben«, und Sigismondo Pandolfo Malatesta, den Herrn von Rimini, bezeichnete er als »Fürst des Bösen« und »das Gift Italiens«.

Als er 1446 in den Dienst der Kirche trat, war Aeneas entschlossen, allen Freuden der Sinnlichkeit zu entsagen. »Ich leugne nicht meine Vergangenheit«, sagte er zu einem Freund; »ich bin weit vom rechten Weg abgewichen, aber ich übe Einsicht und hoffe, daß sie nicht zu spät kommt.« Nachdem er unter dem Namen Pius II. längst Papst geworden war, schrieb er: »*Aeneam reicite, Pium suscipite*« (verwerft Aeneas, empfangt Pius). Er versuchte, ein würdiger Petrusnachfolger auf dem Heiligen Stuhl zu werden. Trotzdem zögerte er ebensowenig wie viele seiner Vorgänger, wenn es darum ging, die Interessen seiner Freunde und Verwandten zu fördern und ihren kostspieligen Launen nachzukommen. Und er behielt jene charakteristischen Eigenschaften, die so typisch für die Vielseitigkeit der Frührenaissance waren – seine Neugier und seinen Schönheitssinn.

Seine »*Commentarii*« verraten das lebhafte Vergnügen, das er den einfachen Freuden des Lebens abgewann: dem Picknick in den Buchenhainen des Monte Amiata – unweit des heimatlichen Corsignano – ebenso wie seinem Lieblingshündchen oder dem kleinen Kind seiner Schwester. Manchmal mochte er bedauern, daß er selbst keine rechtmäßigen Nachkommen hatte, denn er war ein großer Kinderfreund. Über alles aber liebte er die Schönheit der italienischen Landschaft, ihre grünen Wälder und schimmernden Bergseen, die blauen Lavendelfelder, die Wege zwischen Olivenhainen und knorrigen Kastanien, und überall die Ruinen des Altertums, die die Erinnerung weckten an eine ferne, aber wohldokumentierte und vielstudierte Vergangenheit.

Beschlagen, wie er in der klassischen Literatur war, hatte Pius großes Interesse an den Altertümern des antiken Roms und des Römischen Reichs. Er suchte diese Zeugnisse der Vergangenheit auf, so oft er konnte, und beschrieb sie in seinen Werken mit mitreißender Begeisterung. Auch betrieb er eifrig die Errichtung neuer Prachtbauten, verfuhr aber dabei nicht immer wie ein echter Freund antiker Kunstdenkmäler. So untersagte er zwar das Abbrechen alter Säulen, Standbilder und Büsten zum Zwecke der Mörtelherstellung, selbst aber gewann er den Marmor für die zur Peterskirche führenden Stufen aus dem Colosseum und dem Forum Romanum. Und als er beschloß, ein Baudenkmal zu errichten, das der großen klassischen Tradition würdig sei, fiel seine Wahl nicht auf Rom, vielmehr entschied sich Pius, nachdem er sich der Dienste des florentinischen Architekten und Bildhauers Bernardo Rossellino versichert hatte, für Corsignano, wo er eine völlig neue Stadt entstehen lassen wollte, die – nach seinem Papstnamen Pius – Pienza heißen sollte. Einer der erlesensten päpstlichen Kunstschätze also – eine ganze Stadt – war weniger dem Papsttum als einem einzigen Menschen, Pius II. selbst, gewidmet. Rossellino, einer der verdienstvollsten Bildhauer seiner Zeit, hatte bereits am Umbau der Peterskirche sowie am Bau des Palazzo Rucellai in Florenz mitgewirkt. Dabei war seine Verwendung von klassischen Säulen an der Frontseite des Palastes ganz nach dem Geschmack des Papstes gewesen. Doch obgleich Pius für Rossellinos fachkundige Beratung dankbar war, war er zugleich eifersüchtig darauf bedacht, die Planung der neuen Stadt persönlich zu überwachen. Er wußte genau, was er wollte: einen Dom, einen Palast für den Bischof, einen noch prächtigeren und geräumigeren

Diese illuminierte Handschrift von 1468 zeigt die Kardinäle der Sacra Romana Rota, des höchsten kirchlichen Gerichts, bei einer ihrer Sitzungen an einem runden Tisch. Als Pius Papst wurde, verkündete er, daß die höchste Autorität nicht bei solchen Gerichten oder Konzilen, sondern beim Papst selbst liege.

FORTSETZUNG SEITE 54

SCHÖPFUNGEN DES GLAUBENS

Jene tausend Jahre, die man das Mittelalter nennt – vom Untergang des Römischen Reichs im 5. Jh. bis zu den Anfängen der Renaissance im 15. Jh. –, waren die große Zeit der Christianisierung Europas und des Orients. Zugleich war das Mittelalter eine der fruchtbarsten Epochen der christlichen Kunstgeschichte. Bischöfe und Gläubige beschäftigten Maler, Bildhauer, Illuminatoren, Goldschmiede, Elfenbeinschnitzer und Steinmetze, und so entstanden die Gegenstände frommer Verehrung und die mit ihnen geschmückten Kirchen und Dome. Rom war der Mittelpunkt der sich erweiternden christlichen Welt, nachdem der Primat des römischen Bischofs und damit das Papsttum in Europa anerkannt war. Doch war die alte Stadt samt ihren Schätzen mehr als die meisten anderen Orte dem Zank und Hader der Geschichte ausgesetzt – sie erlebte Barbareneinfälle, Glaubensspaltungen und mörderische Bruderkriege. Nachdem die deutschen Truppen Kaiser Karls V. 1527 Rom geplündert hatten, blieb von dem stolzen Schatz, den der Vatikan und andere römische Kirchen im Lauf der Jahrhunderte angehäuft hatten, nicht mehr viel übrig. Zu den wenigen Werken, die erhalten blieben, gehört die auf der rechten Seite wiedergegebene Darstellung des Jüngsten Gerichts aus dem 11. oder 12. Jh. Diese Altarmalerei befand sich einst in der Kapelle des Benediktinerklosters S. Maria in Campo Marzio. Signiert ist das ungewöhnliche, kreisförmige Bild unten rechts mit dem lateinischen Vermerk »Nicolaus und Johannes, Maler«. Knapp 3 m hoch, gehört das Altarbild zu den frühesten und schönsten großformatigen Darstellungen des Jüngsten Gerichts in der abendländischen Kunst.

Dieser Ausschnitt aus dem rechts abgebildeten Altarbild zeigt zwei Frauen, die auf zahmen Tieren reiten und ihre Kinder emporheben. Es könnte sich um Mütter handeln, die im Wochenbett gestorben sind und beim Jüngsten Gericht wieder mit ihren Kindern vereint werden. Links von ihnen ist das Thema Auferstehung in einer anderen Variante dargestellt: Fische und wilde Tiere speien Köpfe und Gliedmaßen von Menschen aus, die sie lebendigen Leibes verschlungen hatten.

49

ÄUSSERE PANEELE

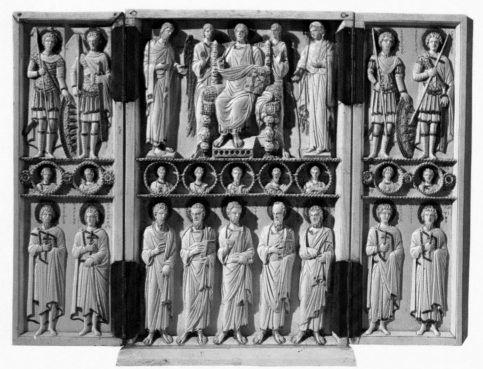

INNERE PANEELE

Dieses kaum 30 cm hohe Elfenbeintriptychon war einst bemalt und vergoldet und ist das Werk eines byzantinischen Meisters aus dem 10. Jh. Die Innenseite (unten links) zeigt den thronenden Christus zwischen dem Evangelisten Johannes und der Jungfrau Maria sowie den Erzengeln Michael und Gabriel. Auf den Altarflügeln stehen paarweise Heilige und Soldaten. Die Rückseite des Triptychons (oben links) zeigt im mittleren Paneel ein Kreuz, das von Blumengirlanden und Vögeln umrahmt ist. Auf Seite 51, im Ausschnitt, die Rückseite eines der Flügel: In griechischen Buchstaben sind zwei Heilige der Ostkirche bezeichnet – Johannes Chrysostomus und Klemens von Ankyra.

AUSSCHNITT DES RECHTEN ALTARFLÜGELS

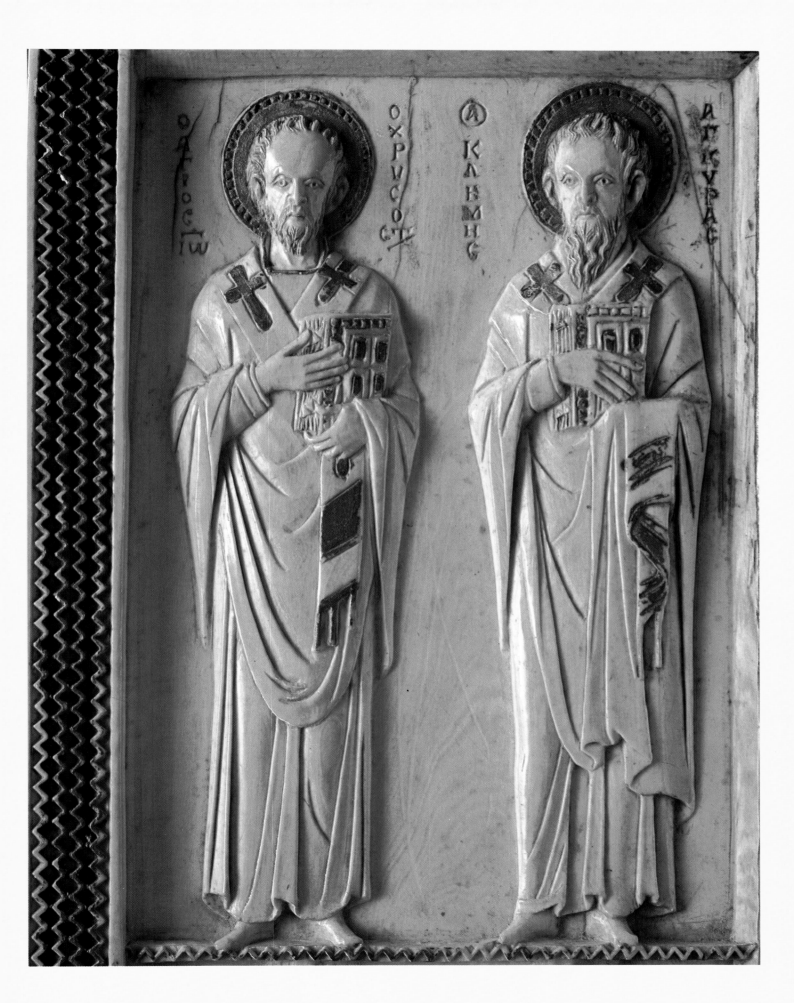

Ein Altarbild aus dem frühen 14. Jh. von Giotto di Bondone, genannt Giotto. In Auftrag gegeben von Kardinal Stefaneschi, einem Neffen des Papstes Bonifaz VIII., stand dieses über 2 m hohe Triptychon einst auf dem Hochaltar der alten Peterskirche. Giotto (um 1266–1337) beeinflußte die abendländische Malerei stärker als irgendein Maler vor ihm. Er brach mit den starren Formeln der byzantinischen Kunst, gab seinen Figuren einen starken, weltlichen Charakter und lieferte so für Generationen von Künstlern ein Beispiel für die Verherrlichung eines Universums, in dessen Mitte der Mensch stand. Im Mittelstück des Triptychons sehen wir den Stifter des Gemäldes zu Füßen Christi knien, den roten Kardinalshut vor sich auf dem Boden. Die Flügel zeigen links die Kreuzigung des hl. Petrus und rechts die Enthauptung des hl. Paulus.

*Türken siegen 1396 in der Schlacht von Nikopo-
lis über das abendländische Kreuzritterheer
(unten rechts). Die türkische Präsenz auf dem
Kontinent beunruhigte die Europäer und war
im folgenden Jahrhundert Anlaß zu den Kreuz-
zugsplänen Papst Pius' II.*

FORTSETZUNG VON SEITE 47

Palast für sich selbst und seine Familie, ein Rathaus und endlich
Sommerresidenzen für die Beamten des päpstlichen Hofs. Der
Dom sollte an der Hauptachse einer Piazza liegen; östlich von die-
ser die Paläste der Bischöfe und Kanoniker, westlich der Palazzo
Piccolomini und dessen weitläufiger Garten mit prachtvollem
Blick auf den Monte Amiata. Im Norden der Piazza sollte das Rat-
haus erbaut werden. Vorbild des Doms war eine von Pius in
Österreich sehr bewunderte Kirche; sein Palast wurde nach dem
Palazzo Rucellai entworfen. Das ganze Konzept sollte – seit den
Tagen der Römer – das erste Beispiel für eine sorgfältige Stadtpla-
nung sein.

Und das war es auch. Die Kosten waren enorm – fast dreimal so
hoch, wie Rossellino sie veranschlagt hatte. Als Rossellino vor den
Papst befohlen wurde, war er begreiflicherweise »in einiger Be-
sorgnis«. Doch Pius sagte zu ihm: »Du tatest gut daran, Bernardo,
uns über die Kosten zu belügen, die dieses Werk verschlingen
würde. Wenn du die Wahrheit gesagt hättest, hättest du uns niemals bewogen, so viel Geld auszugeben, und weder dieser herrli-
che Palast noch diese Kirche, die ihresgleichen in ganz Italien nicht
hat, ständen jetzt hier. Auf deiner Täuschung sind diese ruhmrei-
chen Bauten errichtet, die nur von jenen wenigen nicht gepriesen
werden, die der Neid verzehrt. Wir danken dir und glauben, daß
du vor allen Baumeistern unserer Zeit besondere Ehre verdient
hast.« Und damit befahl er, Rossellino seinen vollen Lohn auszu-
zahlen und noch ein großzügiges Geschenk sowie eine scharlach-
rote Robe dazuzulegen. Der Baumeister, erleichtert und dankbar,
brach in Tränen aus.

Noch bevor seine kleine Musterstadt vollendet war, begann
Pius, wertvolle Bücher und liturgische Geräte, kostbare Gewänder, Reliquiare, Kreuze und Tabernakel zu sammeln. Doch während er die Kunstsammlung des Vatikans mit diesen Schätzen be-
reicherte, die, im Gegensatz zu den heiligen Reliquiaren in der Kapelle Sancta Sanctorum, seinen Geschmack als kultivierten Humanisten und Mann von Welt widerspiegelten, vergaß er nie, was
er bei seiner Wahl zum Papst versprochen hatte, nämlich die
christliche Welt zum Kampf gegen ihre äußeren Feinde aufzuru-
fen.

Jahrelang hatte Pius die Christenheit beschworen, die Waffen
gegen die Türken zu erheben, »bevor Glaube und Gelehrsamkeit

vernichtet werden«. 1453 hatten die türkischen Invasoren Konstantinopel genommen und die Grenzen ihres Reichs bis an die Donau vorgeschoben. Um dieser Bedrohung zu begegnen, rief Pius alle christlichen Fürsten Europas auf, in Mantua über einen großen Kreuzzug zu beraten. Er selbst zog mit glanzvollem Hofstaat in Mantua ein, gefolgt von 26 Kardinälen und den sie begleitenden Reitereien. Als erste kamen die Bediensteten und Beamten der römischen Kurie; dann folgten weiße Pferde mit goldenen Schabracken; vornehme Ritter, die das Banner des Papstes mit dem Kreuz, den Schlüsseln Petri und den fünf Halbmonden des Piccolomini-Wappens trugen; und endlich – unter einem goldenen Zeltdach – erschien der Papst. Er saß auf seinem hohen Thron, mit den päpstlichen Gewändern bekleidet, und die Edelsteine auf seiner Mitra blitzten in der Sonne. »Auf dem ganzen Weg vom Stadttor bis zum Dom«, berichtet Pius mit Genugtuung, »war jeder Fußbreit Bodens mit Teppichen ausgelegt, und die Häuser zu beiden Seiten der Straßen waren mit Blumen und Tüchern geschmückt. Die Neugierigen drängten sich in den Fenstern und auf Dächern und Straßen. An vielen Stellen standen Altäre, von denen Weihrauch emporstieg. Keine Stimme war zu vernehmen, außer dem Ruf der Bevölkerung: ›Lang lebe Papst Pius!‹«

Doch trotz dieses verheißungsvollen Auftakts wurde der Kongreß ein völliger Fehlschlag. Ein Herrscher nach dem anderen ließ sich entschuldigen: der eine war zu alt; ein anderer hatte mit Unruhen im eigenen Land zu kämpfen; einem dritten hatten seine Astrologen geraten, zu Hause zu bleiben; wieder andere führten bereits anderswo Krieg. Die meisten der Fürsten, die versprachen, sich an dem Kreuzzug zu beteiligen, verlangten eine Entschädigung; und die, die keine verlangten, brachen ihr Versprechen. Die Abgesandten des römisch-deutschen Kaisers waren so unbedeutend, daß der Papst sie wieder nach Hause schickte; England war durch zwei obskure Priester vertreten; der Herzog von Burgund blieb aus, ebenso der Herzog von Modena; und die Venezianer weigerten sich, irgend etwas zu unternehmen, was ihren Handelsinteressen im östlichen Mittelmeerraum zuwiderlief. Die Kardinäle waren verärgert und grollten. Wie ein Zeitgenosse schrieb: »Sie fanden, Pius habe töricht gehandelt, nach Mantua zu kommen ... Der Ort war sumpfig und ungesund, überall herrschte stickige Hitze; der Wein war schlecht, das Essen nicht besser. Vie-

Sultan Mohammed II., der Gründer des Osmanischen Reichs, eroberte 1453 Konstantinopel. Als Pius 1460 zum Krieg gegen die Türken aufrief, forderte er Mohammed vergeblich auf, sich zum christlichen Glauben zu bekehren (Gemälde aus dem 16. Jh.).

Auf dem letzten der Sieneser Fresken Pinturicchios trifft ein vom Tod gezeichneter, enttäuschter Papst in Ancona ein, um sich an die Spitze eines Kreuzzugs zu stellen, der, wie er weiß, ohne die Mitwirkung von Verbündeten nicht zustande kommen kann. Am 14. August 1464 war Pius II. tot.

le waren krank, die meisten hatten Fieber, und den Ohren wurde nichts geboten als das Quaken der Frösche.«

Nichtsdestoweniger kehrte der Papst nach Rom zurück und erklärte seinen Heiligen Krieg. Von den Stufen der Peterskirche herab zeigte er der Menge der Gläubigen Teile vom Schädel des Apostels Andreas und gelobte, die christliche Welt von ihren Feinden zu befreien. Krank und von Gicht und Fieber gemartert, machte er sich am 18. Juni 1464 nach Ancona auf, wo sich die Streitkräfte der Christenheit versammeln sollten. In einer Sänfte trug man ihn zu seiner Barke im Tiber und dann über den Apennin. Er wußte, daß es mit ihm zu Ende ging, und sein Gefolge wußte es auch. Von Zeit zu Zeit zog man die Vorhänge an seiner Sänfte zu, um ihm den Anblick seiner rebellierenden Soldaten zu ersparen, die einfach davonliefen, nachdem sie ihre Waffen an vorüberziehende Händler verkauft hatten. In Ancona sah man nur zwei Schiffe im Hafen liegen, und während noch ein paar weitere von Venedig herabkamen, war der Papst schon dem Tod nahe. In der Nacht des 14. August starb er, nachdem er die Umstehenden nochmals beschworen hatte, von dem Werk Gottes, das er begonnen hatte, nicht abzulassen. Seine Worte waren umsonst. Kaum hatte man seinen Leichnam überführt, da fuhren die venezianischen Galeeren wieder nach Hause und die Kardinäle kehrten nach Rom zurück, um einen neuen Papst zu wählen.

Es war Pius II. nicht gelungen, die Unterstützung der europäischen Fürsten für einen neuen Kreuzzug zu gewinnen, und die Türken kamen unerbittlich näher. 1480 errichteten sie einen Brückenkopf in Süditalien, nachdem sie die Hafenstadt Otranto eingenommen hatten. Unterdessen bedrohte eine andere, weit tückischere Gefahr das Papsttum und seine enormen Kunstschätze. Es war die Gefahr, die von der Verweltlichung und den zunehmenden Ausschweifungen des päpstlichen Hofes ausging.

Doch wie das folgende Jahrhundert beweisen sollte, gehörte das zu den vielen Widersprüchen des Renaissance-Papsttums, daß krasser Materialismus und unerschütterlicher Glaube unangefochten nebeneinander bestanden. Im Palast und im Dom zu Pienza, fast vergessen von den künftigen Päpsten, befanden sich die Kunstschätze Papst Pius' II. – seine liturgischen Schriften, seine Reliquiare, seine reichbestickten Gewänder – und legten Zeugnis ab von einer großen Leidenschaft.

PAPST UND KUNSTKENNER

Der Fischerring trug einst das Siegel Pius' II. Nach seinem Tod wurde es, dem Brauch entsprechend, zerbrochen und durch einen Edelstein ersetzt.

Der Papst, dessen kurzes Pontifikat (1458 bis 1464) in die Zeit zwischen Spätmittelalter und beginnende Renaissance fiel, war selbst ein Geschöpf beider Epochen und ein Mann von starkem und kompliziertem Charakter. In seinen ersten, weltlichen Jahren als Humanist und Dichter bekannt – er war der einzige Papst, der eine Autobiographie schrieb –, wandte sich Pius in mittlerem Alter einem schlichten, reinen Glauben zu und versuchte mit geradezu mystischer Inbrunst, diesen mit dem letzten, zum Scheitern verurteilten Kreuzzug zu verteidigen. Das künstlerische Erbe, das er in Pienza hinterließ, spiegelt sowohl seinen modernen Humanismus als auch seine traditionelle Spiritualität wider – die Freude des armen Jungen, der es zu etwas gebracht hat, an Luxus und Prachtentfaltung und die bewußte Zurückhaltung des Sohnes aus vornehmem Geschlecht. Pienza – das frühere Corsignano – war der Geburtsort Pius', »eine Stadt von geringem Ansehen, doch gesegnet mit einem gesunden Klima, einem ausgezeichneten Wein und allem, was man sonst benötigt, um sein Leben zu fristen«, wie es der Papst selbst liebevoll ausdrückte. Er machte aus ihr ein architektonisches Schmuckstück, indem er neue Paläste, einen Stadtplatz und einen neuen Dom bauen ließ. Mit dem Ergebnis war er so zufrieden, daß er der Nachwelt in einer Bulle von 1462 verbot, an der Ausgestaltung oder dem Grundriß seiner Kirche irgend etwas zu ändern. In dem zum Dom gehörenden Museum befindet sich eine Sammlung von vorwiegend kleinen, auserlesenen Kunstgegenständen zum liturgischen Gebrauch und zu Gebetszwecken, die er zum Teil in Auftrag gegeben hatte, während es sich bei anderen Stücken um Antiquitäten handelt, die er entdeckt und teilweise nach seinem Geschmack hatte umarbeiten lassen. Alles in allem künden sie von einem Papst, der vielleicht besser als irgendein anderer zu jener Ausgewogenheit zwischen weltlichem und geistlichem Leben fand, die die besten Päpste zu allen Zeiten anstrebten.

Die Vorderseite der Mitra (links), eine florentinischen Arbeit, ist mit vier Emailbildern geschmückt, in denen pastorale und persönliche Symbole Papst Pius' zu sehen sind: oben das Zeichen für Gott Vater, unten das Papstwappen. Die anderen beiden Bilder zeigen die Figuren der Verkündigung – links den Erzengel Gabriel und rechts, ihm gegenüber, die Jungfrau Maria.

In der Rundung des aus Gold und Silber gearbeiteten Bischofsstabs schwebt ein Emailboot mit den knienden Gestalten der Jungfrau Maria und des Erzengels Gabriel. Darunter ein von sechs Säulen getragener klassischer Tempel, der – typisch für die Kunst der Renaissance – heidnisches Altertum und Christentum miteinander verbindet.

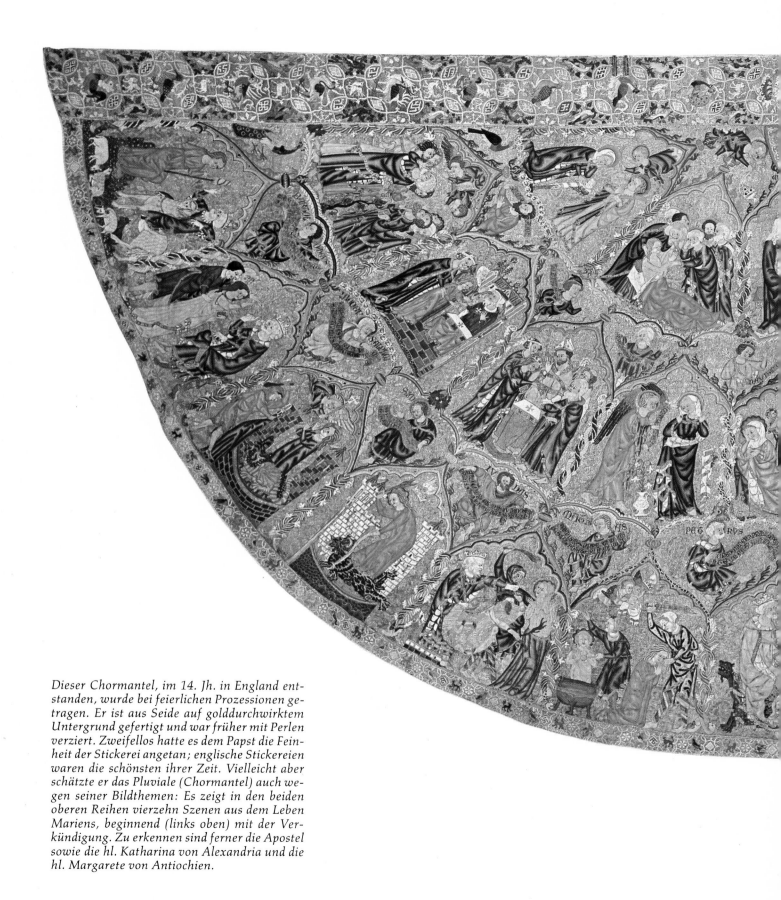

Dieser Chormantel, im 14. Jh. in England ent-standen, wurde bei feierlichen Prozessionen ge-tragen. Er ist aus Seide auf golddurchwirktem Untergrund gefertigt und war früher mit Perlen verziert. Zweifellos hatte es dem Papst die Fein-heit der Stickerei angetan; englische Stickereien waren die schönsten ihrer Zeit. Vielleicht aber schätzte er das Pluviale (Chormantel) auch we-gen seiner Bildthemen: Es zeigt in den beiden oberen Reihen vierzehn Szenen aus dem Leben Mariens, beginnend (links oben) mit der Ver-kündigung. Zu erkennen sind ferner die Apostel sowie die hl. Katharina von Alexandria und die hl. Margarete von Antiochien.

SEITE 62/63: *Zwei der auf dem hier abgebildeten Chormantel gezeigten Szenen im Ausschnitt: Links verkündet ein Engel dem Hirten die Geburt Jesu; rechts die Heiligen Drei Könige und das Jesuskind. Der Stickerei diente wahrscheinlich eine Buchmalerei als Vorlage.*

Vierundzwanzig Szenen aus dem Leben Christi
sind in das rechts abgebildete, etwa 30 cm hohe
Buchsbaumkreuz und in dessen Sockel ge-
schnitzt. Die um 1400 entstandenen Schnitze-
reien des Sockels sind als Flachrelief gearbeitet,
jene des Kreuzes nahezu vollplastisch. Das krö-
nende Symbol ist ein Pelikan; mit seiner sprich-
wörtlichen Bereitschaft, sich für seine Jungen
aufzuopfern, ist er zum zeitlosen Symbol für
Christus geworden.

Das links abgebildete, 20 cm große osculatorium
(von lat. osculum [der Mund, der Kuß]) wurde
beim Zelebrieren der hl. Messe benutzt. Das
»Kußkreuz« wurde zunächst vom zelebrieren-
den Priester geküßt und dann den Gläubigen
zum Kuß weitergereicht. Das osculatorium
Pius' II. zeichnet sich durch seinen prachtvollen
klassischen Giebel aus, der mit einem Pferd und
zwei nichtchristlichen Figuren geschmückt ist.
Vielleicht versinnbildlichen sie den Gehorsam,
den auch die heidnische Welt Christus schuldet;
seine Kreuzigung ist auf dem silbernen Relief
unterhalb des Giebels wiedergegeben.

oben links steht der Psalmist David, der Goliath besiegte; in der der rechten Buchseite krönt Christus die Muttergottes. Die unteren Ecken jeder Seite sind mit dem Wappen des Papstes verziert.

Während der Osterwoche 1462 nahm Pius II. im Rahmen ausgedehnter und bewegter Feierlichkeiten und Prozessionen in Rom Teile vom Schädel des Apostels Andreas in Empfang. Christen hatten die Reliquie in Griechenland gerettet, bevor der Aufbewahrungsort von türkischen Invasoren überrannt wurde; und der Papst benutzte die Reliquie als machtvolles Symbol für die Notwendigkeit, einen letzten Kreuzzug gegen die Türken in Gang zu setzen. In seinen Erinnerungen beschreibt Pius, wie er den Schädel des Apostels in der Engelsburg ruhen ließ, »bis ihm ein schickliches Behältnis bereitet werden kann«. Im folgenden Jahr fertigte ein in Rom wirkender florentinischer Goldschmied das rechts abgebildete, 75 cm hohe Reliquiar aus vergoldetem Silber an. Zur Verzierung dienen Perlen, über zweihundert Edelsteine und sechs große Smaragde. Die goldene Büste, eine zeitgenössische Darstellung des Papstes, steht auf einem Bronzesockel, auf dem sich (links im Ausschnitt) das Wappen Pius' II. befindet – die gekreuzten Schlüssel Petri – und die dreifache Krone der Päpste (die Tiara) über den fünf Halbmonden des Piccolominikreuzes.

III

JULIUS II.

DIE VERWELTLICHUNG
DES VATIKANS

Die vierzig Jahre, die auf den Tod Pius' II. folgten, hatten zum Niedergang des Papsttums als Institution geführt. Sixtus IV. etwa, der die Sixtinische Kapelle erbauen ließ, war ein höchst extravaganter Mann, der alle seine Freunde und Verwandten mit Geld und Geschenken überhäufte. Innozenz VIII., der 1484 sein Nachfolger wurde, nutzte sein Pontifikat, seine Neffen und seine unehelichen Kinder zu bereichern. Nach ihm wählten die Kardinäle den vermutlich unwürdigsten Papst, der je regiert hat: Alexander VI., den früheren Kardinal Rodrigo Borgia aus Spanien. Nach dem Urteil einer modernen katholischen Kirchengeschichte blieb Alexander »selbst als Papst bis an sein Lebensende ein Sklave ungezähmter Sinneslust«; sein Pontifikat »war ein schweres Unglück für die Kirche« (Bihlmeyer-Tüchle).

Nach drei solchen Kirchenfürsten konnte nur ein ganz außerordentlicher Mann das Papsttum noch retten. Und im Oktober 1503 verkündete der nach erfolgreichem Abschluß des Konklaves vom Vatikan aufsteigende weiße Rauch, daß ein solcher Mann gefunden worden war. Der Mann, der an diesem Tag, nach einem der kürzesten Konklaven der Kirchengeschichte, zum Papst gewählt wurde, war Giuliano della Rovere, der Enkel eines Fischers aus Ligurien in Norditalien. Er behielt seinen Taufnamen bei und nannte sich Julius II. Stolz auf seine bescheidene Herkunft und seine in Armut verlebte Kindheit, erzählte er gerne, wie er als Knabe mit einer Ladung Zwiebeln im Kahn die Küsten abgefahren sei. Er war ein gutaussehender, kräftiger, impulsiver Mann, redselig, hochfahrend und rastlos. »Niemand hat Einfluß auf ihn, und er hat wenige oder keine Berater«, schrieb der venezianische Botschafter. »Alles, was ihm des Nachts in den Sinn kommt, muß unverzüglich geschehen ... Alles an ihm hat etwas Großartiges, seine Unternehmungen wie seine Leidenschaften.«

Die von Michelangelo für das Grabmal Julius' II. geschaffene marmorne Statue des Moses trägt, stark idealisiert, die Züge des Papstes.

Julius war von feurigem, gebieterischem Wesen und hatte ein hitziges Temperament. Er trug stets einen Stock bei sich, mit dem er jeden schlug, der seinen Unwillen erregte. Wenn man ihm schlechte Nachrichten überbrachte, warf er mit allen möglichen Gegenständen um sich, einschließlich seiner Augengläser. In jüngeren Jahren hatte er viele Mätressen gehabt und noch als Kardinal drei Töchter in die Welt gesetzt. Später hatte er kein Interesse mehr an Frauen gezeigt. Den Freuden der Tafel war er sehr zugetan. Er sei kein gelehrter Kopf, pflegte er stolz zu betonen; er sei mehr für das Soldatenleben geschaffen. Als ein Bildhauer ihn fragte, welchen Gegenstand er einem Standbild von ihm in die Hand geben solle, erwiderte Julius: »Nur kein Buch – ein Schwert!«

Er war immer ein Mann des Schwertes gewesen. Als Kardinal della Rovere hatte er für Papst Innozenz VIII. die päpstlichen Streitkräfte befehligt, und er war entschlossen, auch als Papst das Schwert zu gebrauchen, um seiner Herrschaft im Kirchenstaat Anerkennung und Gehorsam zu verschaffen. Einige dieser Territorien waren von italienischen Lokalfürsten usurpiert worden, andere hatten rivalisierende Mächte wie zum Beispiel Venedig an sich gerissen. Schon bald nach seiner Wahl zum Papst zog Julius II. daher, mit starken Kavallerietruppen und von 24 Kardinälen widerstrebend begleitet, nach Norden, gegen die Städte Perugia und Bologna, die sich vom Kirchenstaat losgesagt hatten. Dem Anführer der Rebellen in Perugia, Gian-Paolo Baglioni, wurde angst, er kapitulierte und unterwarf sich mit demütigem Kniefall. Julius vergab ihm, fügte aber grimmig hinzu: »Noch einmal, und ich lasse Euch hängen!«

Baglioni erklärte sich schweren Herzens einverstanden, von nun an als Condottiere (Söldnerführer) auf päpstlicher Seite mitzukämpfen. Nun schloß sich auch Giovanni Francesco Gonzaga, der Graf von Mantua, den siegreichen Truppen an. Mit seinem verstärkten Heer ritt der Papst gegen Bologna. Der Aufrührer in Bologna, Giovanni Bentivoglio, verlor die Nerven und floh, und so hielt Julius, in einem prächtigen Tragsessel, triumphalen Einzug in die Stadt.

Dann wandte sich Julius den Städten Rimini, Faenza und Ravenna zu, die von Venedig besetzt worden waren. Er erklärte, um Venedig wieder zu einem »elenden Fischerdorf« zu machen, sei ihm jeder Bundesgenosse recht, und trat im Dezember 1508 der

Auf dieser Darstellung aus dem 19. Jh. posiert Raffael mit einer seiner vielen Mätressen vor der Staffelei, während Michelangelo nachdenklich im Hintergrund steht. Die Szene ist erfunden, aber die Rivalität zwischen den beiden Künstlern, die sich beide päpstlicher Gunst erfreuten, bestand tatsächlich.

Liga von Cambrai bei, zu der außer dem französischen und dem spanischen König auch der deutsche Kaiser gehörte. Diese mächtige Allianz brachte den venezianischen Streitkräften in Agnadello, in der Provinz Cremona, eine vernichtende Niederlage bei, und der Papst ging bei der Aufteilung der Beute nicht leer aus. Doch nachdem er auf diese Weise mit französischer Hilfe den Einflußbereich der Kirche ausgedehnt hatte, rief er nun ganz Italien dazu auf, die Franzosen über die Alpen in ihre Heimat zurückzujagen.

Persönlich sein Heer befehligend, marschierte Julius nordwärts gen Mirandola, wo eine französische Garnison lag. Von der rastlosen Energie des Papstes mitgerissen, überwanden seine Männer den Widerstand Mirandolas. Dieser neuerliche Sieg bewog weitere Städte, zum Papst überzugehen. Spanien kam ihm gegen die Franzosen zu Hilfe, während sowohl Parma wie Piacenza – von den Franzosen im Stich gelassen – bereit waren, sich dem Kirchenstaat anzuschließen. Der Papst annektierte augenblicklich beide Städte, wobei er verkündete, daß er die Spanier ebensosehr hasse wie die Franzosen und nicht rasten noch ruhen werde, ehe nicht der letzte Spanier von der Halbinsel vertrieben sei.

Im Triumph kehrte Julius nach Rom zurück. Der venezianische Gesandte meinte, noch niemals sei einem Kaiser oder einem siegreichen General ein solches Willkommen bereitet worden. Es gab aber auch nachdenkliche Leute, die bedauerten, daß der Stellvertreter Christi mehr Ähnlichkeit mit dem Löwen von Juda habe als mit dem Lamm Gottes. Der holländische Humanist Desiderius Erasmus von Rotterdam, selber ein geweihter Priester, beschrieb parodistisch den Einzug des Papstes in Bologna mit Julius' eigenen Worten: »O, ich wollte zu Gott, du hättest gesehen, wie man mich in Bologna auf Händen trug! Die Pferde und Wagen, die marschierenden Bataillone, die galoppierenden Befehlshaber, die flammenden Fackeln, die hübschen kleinen Pagen, der Pomp von Bischöfen und der Glanz von Kardinälen … und ich auf Händen getragen, ich, Haupt und Urheber des Ganzen!«

Doch so kriegerisch Papst Julius gewesen sein mag, er war zugleich einer der aufgeklärtesten und urteilsfähigsten Kunstmäzene, die die abendländische Welt gesehen hat. Er ließ große Teile des Vatikanpalastes umbauen und erneuerte den großen Innenhof sowie den ausgedehnten Hof zwischen dem Vatikanpalast und dem Belvedere. In der Umfriedung dieses Hofes legte er einen weitläufigen, lieblichen Garten an, den ersten großen Lustgarten in Rom seit den Tagen der Caesaren.

Er nahm Künstler in seine Dienste, wie er eine Armee rekrutierte, darunter alle damals lebenden Meister der italienischen Renaissance. Einer von ihnen war Raffael – auf italienisch Raffaello Santi –, der im Auftrag des Papstes die neuen offiziellen Gemächer des Vatikanpalastes ausschmückte. Julius, der nicht in den Räumen jenes »Spaniers verruchten Angedenkens« – Alexanders VI. – leben mochte, hatte beschlossen, in ein höheres Stockwerk umzuziehen. Raffael war zurückhaltend, höflich und ruhte in sich selbst. Der Papst war von ihm begeistert. Die Fresken in den als »Stanzen Raffaels« bekannten Zimmerfluchten künden von der absoluten Herrschergewalt des Papstes, aber ebensosehr vom Genie ihres Schöpfers. Julius gab dem Meister auch den Auftrag, ihn zu porträtieren. Wie Raffaels Biograph Giorgio Vasari berichtet, fiel das Gemälde »so lebensecht aus, daß jeder, der es sah, davor erschrak, als stünde der Papst persönlich vor ihm«.

Ein noch ehrgeizigerer und kostspieligerer Plan des Papstes war der Umbau der alten Petersbasilika; in ihr sollte nach Julius' Willen »die Größe der Gegenwart und der Zukunft zum Ausdruck kommen«. Für diese Arbeit, die dem immerwährenden Ruhm des Papsttums und der Kirche ein ewiges Denkmal setzen sollte, hatte er Donato d'Agnolo, genannt Bramante, ausersehen, der einige Jahre zuvor von Mailand nach Rom übersiedelt war. Bramante, der Sohn eines wohlhabenden Bauern, war damals fast sechzig Jahre alt und hatte bereits verschiedene Bauten entworfen, die die Architektur der Renaissance nachhaltig beeinflußten.

Bramante machte sich mit Eifer ans Werk und ebnete zunächst einmal die verfallende frühmittelalterliche Basilika mit einer solchen Gründlichkeit ein, daß er im Volksmund den Spitznamen *maestro ruinante* (Meisterdemolierer) bekam; dann arbeitete er intensiv an den Plänen für den neuen Bau, der an die Stelle des alten treten sollte. Er entschied sich für einen Grundriß in Form eines griechischen Kreuzes mit einer Zentralkuppel über dem Grab des hl. Petrus. Von dieser Form und den Entwürfen Bramantes war der Papst so begeistert, daß er sogleich eine Gedenkmünze schlagen ließ, die die neue Kirche in Frontansicht, mit Kuppel und Türmen und einem gefälligen Portikus, zeigte. Am 18. April 1506 zog der Papst in feierlicher Prozession zur Baustelle

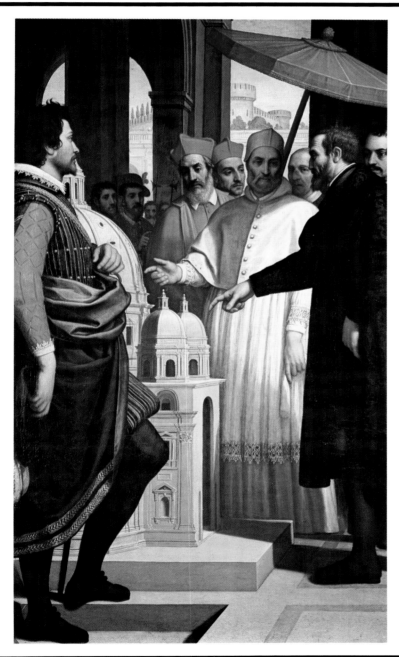

DIE ERNEUERUNG
DER PETERSKIRCHE

Kein anderes Projekt Julius' II. hat eine so lange Geschichte wie der Neubau der Basilika über dem Petrusgrab. Der vom Papst beauftragte Architekt Bramante entwarf einen Bau mit dem Grundriß eines griechischen Kreuzes und einer von vier Pfeilern getragenen zentralen Kuppel. Dieser überdimensionale »Baldachin« entwickelte sich zum ehrgeizigsten architektonischen Vorhaben jener Zeit. Doch die Arbeit an der Kuppel hatte noch nicht begonnen, als Bramante 1514 starb. Der nächste Architekt des Bauvorhabens war Raffael, der jedoch nur kurze Zeit tätig war. Sein Nachfolger, Antonio da Sangallo d. J., plante für Papst Paul III. ein recht überladenes, von Säulen strotzendes Bauwerk. Auch Sangallo verstarb vor Ausführung seines Plans, und 1547 wandte der Papst sich an den damals schon zweiundsiebzigjährigen Michelangelo. Der Meister behandelte das Bauwerk fast wie eine Skulptur: er vereinfachte das Innere und machte es durch zusätzliche hochgelegene Fenster heller; sein Aufriß betonte das Vertikale und gipfelte in einer mit einer großen Laterne abschließenden Kuppel. Trotzdem zogen sich die Bauarbeiten bis 1558 hin, als endlich Papst Sixtus V., ein Oberhirte, der ebenso energisch war wie Julius II., den Baumeister Giacomo della Porta mit der Ausführung eines Bauplans beauftragte, der die meisten der Vorstellungen Michelangelos berücksichtigte. Während die Außenseite der Kuppel etwas elliptischer geriet, wurde die Innenseite genau so, wie sie Michelangelo konzipiert hatte – eine vollkommene Halbkugel, die 111 m hoch ist. 1590 vollendet, wurde diese Kuppel zum Vorbild für Dutzende anderer in aller Welt; doch gilt diejenige über der Peterskirche als die größte, die jemals gebaut worden ist.

Michelangelo, schwarz gekleidet, präsentiert auf diesem Gemälde aus dem 17. Jh. Papst Paul IV. ein Modell der Peterskirche. Es handelt sich um die Wiedergabe jenes Entwurfs, den Michelangelo um 1560 für den Papst anfertigte.

und stieg in die Ausschachtung für das Fundament hinab. Über ein mit Medaillen und Münzen gefülltes Tongefäß kam ein weißer Grundstein aus Marmor, auf dem zu lesen stand: »Papst Julius II. aus Ligurien stellte Anno Domini 1506 diese Basilika wieder her, die in Verfall geraten war.«

Während seines ganzen Pontifikats gingen die Arbeiten an der Petersbasilika weiter. Immer neue Wagenladungen mit Carraramarmor, römischer Pozzulanerde (einem Mörtelbestandteil), Travertin aus Tivoli und Kalkstein aus Montecelio trafen an der Baustelle ein. Zu einem Gesandten, der ebenfalls gekommen war, um die Fortschritte bei der Arbeit in Augenschein zu nehmen, bemerkte der Papst eines Tages stolz: »Bramante sagt mir, daß er 2500 Leute beschäftigt. Eine Parade könnte man mit einem solchen Heer abhalten!«

Um die kostspieligen Baustoffe und Handwerker bezahlen zu können, begann der Papst, in großem Stil Ablässe zu gewähren – eine Übung, die die Kirche später vor große Probleme stellen sollte. Die Idee war nicht neu: als Gegenleistung für eine fromme Stiftung oder ein anderes gottgefälliges Werk konnte der Gläubige einen Nachlaß seiner Sündenstrafen erhalten. Gleichzeitig sammelte Julius in ganz Europa Spenden für seinen Bau: So schickte der König von England Zinn für das Dach, und der Papst bedankte sich mit Wein und Parmesankäse. Nach dem Tod Bramantes ging die Arbeit unter verschiedenen Baumeistern weiter, darunter Baldassare Peruzzi, Antonio und Giuliano da Sangallo, Raffael und – als der berühmteste aller Schützlinge des Papstes – Michelangelo.

Schon zu Beginn seines Pontifikats hatte Julius mit dem Gedanken geliebäugelt, sich ein Denkmal zu errichten, das seiner würdig wäre. Nachdem er sich schließlich zu einem gewaltigen Marmorgrabmal entschlossen hatte, schickte er nach einem jungen Bildhauer, der sich durch seine Tätigkeit in Florenz bereits als Künstler einen Namen gemacht hatte. Michelangelo Buonarroti, der Sohn eines armen toskanischen Magistratsbeamten von vornehmer Abstammung, war damals 29 Jahre alt, düster, verschlossen, ein unabhängiger Geist und Eigenbrötler. Er liebte es, hinter verschlossener Türe zu arbeiten, und war nicht bereit, einen Auftrag widerspruchslos auszuführen oder auch nur sich auf bestimmte Termine festzulegen. So war es nicht leicht, mit ihm auszukom-

Soldaten der Schweizer Garde bei der Messe; ein Fresko Raffaels. Die päpstliche Leibwache wurde von Julius II. eingeführt, der dafür Söldner aus katholischen Kantonen der Schweiz rekrutierte. Die Uniformen ließ er von Michelangelo entwerfen.

men, zumal er von empfindlichem und widerborstigem Temperament war. Aber daß er seine Kunst meisterlich beherrschte, war nicht zu bezweifeln. Und Papst Julius wußte, daß kein anderer als Michelangelo sein Grabmal gestalten durfte, wenn es das majestätische Denkmal werden sollte, das ihm vorschwebte. Michelangelos künstlerische Phantasie wurde von der Kühnheit der päpstlichen Vorstellungen beflügelt; sein toskanischer Landsmann Vasari betrachtete den Entwurf, den er vorlegte, als »beredtes Zeugnis für sein Genie; denn an Schönheit und Erhabenheit, an Reichtum des Schmucks und Fülle der Figuren übertraf er alle antiken oder kaiserlichen Gräber, von denen wir wissen«. Das Grabmal sollte ein freistehendes Monument von etwa zwölf Meter Länge und sieben Meter Breite sein und mit vierzig Kolossalstatuen geschmückt werden. Die Großzügigkeit dieses Entwurfs fand natürlich den Beifall des Papstes. Er ermächtigte Michelangelo, die berühmten Steinbrüche in den Bergen Carraras aufzusuchen, wo der Bildhauer acht Monate lang beim Zuschnitt der großen Marmorblöcke half. Auf dem Wasserweg nach Rom geschafft, nahmen die mächtigen Blöcke bald den halben Petersplatz ein.

Nach Rom zurückgekehrt, richtete Michelangelo seine Werkstatt in einem großen Saal der Engelsburg ein, der päpstlichen Festung am Tiber, unweit des Vatikans, an der der Papst eigens eine Zugbrücke anbringen ließ, um von Zeit zu Zeit persönlich den Fortgang der Arbeit besichtigen zu können. Zunächst ging alles gut, doch dann kühlte die Begeisterung des Papstes ab, und Michelangelo hatte Mühe, seinen Gönner zu weiteren Zahlungen zu bewegen. Julius ließ sich nicht mehr im Atelier des Meisters blicken, und als Michelangelo um eine Audienz ersuchte, war der Papst nicht zu sprechen. Schließlich floh Michelangelo eines Nachts aus Rom, weil er, wie er einem Freund anvertraute, Angst hatte, man werde sein eigenes Grabmal eher errichten als das des Papstes.

Dem päpstlichen Einflußbereich glücklich entronnen, schrieb er kurz und bündig an den Papst: »Da Eure Heiligkeit das Monument nicht mehr wünschen, bin ich von meinem Vertrag entbunden und werde einen neuen nicht unterzeichnen.« Als aber die florentinische Regierung den Meister wissen ließ, daß sie keine Differenzen mit dem Heiligen Stuhl wünsche, sah sich Michelangelo genötigt, zurückzukehren und demütig um Verzeihung zu bitten. Damals

»*Die* Disputation der hl. Katharina mit den Philosophen vor Kaiser Maximianus.« *Ein Fresko Pinturicchios in den Gemächern der Borgia. Für die Heilige und den Kaiser dürften Lucrezia und Cesare Borgia Modell gestanden haben.*

EINE VERRUCHTE DYNASTIE

Von allen Renaissancefamilien, aus deren Reihen Päpste hervorgegangen sind, war keine berüchtigter als die der Borgia. Der Name »Borgia« ist zum Inbegriff von Korruption und Giftmord geworden. Sie erweckten Furcht und Haß, was teilweise mit ihrer spanischen Herkunft und mit der Art zusammenhängen mochte, wie sie sich in der römischen Gesellschaft emporgearbeitet hatten. Der Aufstieg begann mit Alfonso Borgia, der 1455 als Calixtus III. zum Papst gewählt wurde. Etliche der Geschichten, die man von der Grausamkeit der Borgia erzählte, sind erfunden, doch die Vorzüge dieser Sippe wurden rasch von ihren Lastern in den Schatten gestellt.

Rodrigo Borgia, der Neffe des Calixtus, Vater von acht Kindern, war Kardinal und wurde 1492 unter dem Namen Alexander VI. Papst. Wahrscheinlich siegte er durch Bestechung über seinen Rivalen, den späteren Papst Julius II., der seither ein unversöhnlicher Feind der Borgia war. Gerissen und tatkräftig, hatte Alexander mehr für Festungsbauten als für die Kunst übrig. Immerhin gab er Pinturicchio den Auftrag für einige Fresken in den Gemächern der Borgia im Vatikan (Ausschnitt oben).

Ohne jeden Skrupel nutzte er auch die päpstlichen Geldmittel zur Förderung seiner Kinder, besonders seiner Lieblinge Lucrezia und Cesare. Lucrezia vermählte er mit einem Sproß der wohlhabenden Familie Sforza. Als sie ihres Gatten überdrüssig wurde, zwang Alexander diesen, sich wegen seiner angeblichen Impotenz von ihr scheiden zu lassen. Ihrem zweiten Gemahl, einem Fürsten aus Neapel, erging es noch schlimmer. Als das Papsttum mit Neapel brach, wurde er ermordet – wahrscheinlich auf Befehl Cesares, der noch ruchloser war als sein Vater. 1499 ging Cesare daran, im Namen des Papstes ein Königreich in Mittelitalien zu errichten, und riß den größten Teil des Kirchenstaates an sich. Er krönte seine Eroberungen mit der Ermordung einiger verräterischer Offiziere, die er in eine Burg lockte und erdrosseln

Alexander VI. mißbrauchte die päpstliche Macht und brachte den Namen Borgia in Verruf.

ließ. Als brillanter politischer Kopf gab Cesare wahrscheinlich die Inspiration für Machiavellis Abhandlung über die Macht: *Der Fürst.*

Mit dem Tod Alexanders im Jahr 1503 war es mit der Macht der Borgia vorbei. Julius II. ließ Cesare verhaften. Er wurde nach Spanien gebracht, wo er 1507 starb. Doch der politische Stellenwert des Papsttums hatte sich unwiderruflich gewandelt; denn Cesare und Alexander hatten bewiesen, daß päpstliche Heere imstande waren, die päpstlichen Territorien fest unter Kontrolle zu halten – eine Perspektive, die sich der kriegerischste aller Päpste, Julius II., uneingeschränkt zunutze machte.

hielt Julius sich gerade in Bologna auf. Der Künstler kniete vor ihm nieder, flehte um Vergebung und erklärte, er habe nicht aus Bosheit, sondern aus Ärger gehandelt. Der Papst zeigte keine Reaktion, hielt den Kopf gesenkt und sagte nichts. Ein zufällig anwesender Kardinal versuchte dem reuigen Sünder zu Hilfe zu kommen und sagte, Michelangelo habe aus Unwissenheit gefehlt. Wütend drehte der Papst sich zu dem Prälaten um, schalt ihn einen ahnungslosen Esel, der vom Wesen eines Künstlertemperaments keinen Begriff habe, und warf ihn hinaus.

Er verzieh also Michelangelo und bat ihn, wieder ans Werk zu gehen. Allerdings sollte Michelangelo nicht, wie er es sich gewünscht hatte, mit dem Grabmal fortfahren, sondern ein überlebensgroßes Standbild des Papstes in Bronze gießen, was, wie der Meister bekümmert anmerkte, nicht »seine Art von Kunst« war. Nach einem Jahr mühseligen Schaffens war die Statue trotzdem fertig – etwa vier Meter hoch und sechs Tonnen schwer – und wurde vor der Kirche San Petronio in Bologna aufgestellt. Schon vier Jahre später aber verloren die päpstlichen Truppen abermals Bologna, und eine johlende Menschenmenge stürzte das Standbild von seinem Sockel. Der Gegner des Papstes, der Herzog von Ferrara, ließ es – bis auf den Kopf – einschmelzen und zu einer Kanone verarbeiten, die er, dem Papstnamen Giuliano entsprechend, höhnisch »*la Giulia*« nannte.

Nachdem er so viel Zeit mit einer ihm wesensfremden Aufgabe vertan hatte, hoffte Michelangelo nun, daß Julius ihm erlauben werde, nach Rom zurückzukehren und an dem Grabmal weiterzuarbeiten. Aber wiederum verlangte der Papst von ihm, einen Auftrag auszuführen, dem er sich nicht gewachsen fühlte: Er sollte das Deckengewölbe der Sixtinischen Kapelle ausmalen. Michelangelo wandte ein, daß er sich noch niemals an einem Fresko versucht habe, daß das Ausmalen eines Gewölbes ein unerhört schwieriges Unterfangen sei und daß er die Sache völlig verpfuschen werde. Aber der Papst ließ nicht locker, und Michelangelo gab endlich nach. Er blickte zu den gut neunhundert Quadratmetern Decken- und Lünettenfläche empor und war verzweifelt.

Als er sein Werk begann, mußte er feststellen, daß die Arbeit körperlich und seelisch eine Strapaze war. Er mußte, stehend und mit emporgerecktem Gesicht, stundenlang malen. Wenn er endlich von seinem Gerüst herabstieg, war sein Nacken so steif und

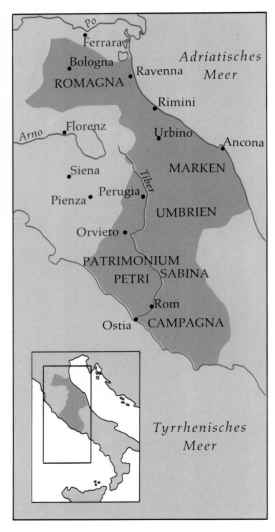

Der Kirchenstaat zur Zeit Papst Julius' II. war ein Herrschaftsgebiet, das den größten Teil Mittelitaliens umfaßte und sich von der Romagna im Norden bis zur Campagna im Süden erstreckte. Als weltliches Oberhaupt dieses lockeren Verbundes von Städten und Provinzen gehörte der Papst zu den mächtigsten Fürsten der italienischen Halbinsel.

geschwollen, daß er den Kopf nicht bewegen konnte. Im Sommer war es brütend heiß, und der feine Staub des Putzes verursachte ihm Hautreizungen. Im Winter dagegen, wenn der Nordwind blies, gab es Probleme mit dem Schimmel. Bei jedem Wetter tropfte ihm die Farbe ins Gesicht und auf die Haare. Immer wieder störte ihn der Papst und setzte ihm hart zu – einmal drohte er sogar, ihn vom Gerüst zu stoßen. Doch als das Werk am Allerheiligentag des Jahres 1512 endlich vollbracht war, war jeder von seiner Schönheit überwältigt, am meisten aber der Papst selbst.

Unterdessen siebzig, erinnerte sich Julius wieder seines unvollendeten Grabmals. Es wurde nicht ganz so realisiert, wie er und Michelangelo es sich vorgestellt hatten. Aber aus dem großartigen Entwurf entstand ein Meisterwerk – die Statue des Moses –, das zu den herrlichsten Schöpfungen Michelangelos überhaupt zählt.

Das Alter machte Julius nicht milder. Bis zuletzt blieb er der *papa terribile*, der »fürchterliche Papst«. Noch als alter, kranker Mann wollte er einen Krieg anfangen, um die Spanier aus Italien zu vertreiben. In der Tat war er nicht nur ein großer Kunstmäzen, sondern auch ein großer Patriot. Anders als so viele seiner Zeitgenossen, betrachtete er Italien nicht als ein bloßes Sammelsurium rivalisierender Kleinstaaten, sondern als eine eigene nationale Größe. Er war auch ein unerschrockener Vorkämpfer der Kirche und ihrer Hauptstadt Rom. Die Römer wußten das und waren dankbar. Als der Papst 1513 starb, weinten die Menschen auf offener Straße und drängten sich, wie der florentinische Staatsmann und Geschichtsschreiber Francesco Guicciardini berichtet, »um seine Füße zu küssen und einen letzten Blick auf sein totes Antlitz zu werfen; denn alle wußten, daß er ein wahrhaft römischer Pontifex gewesen war«. Zwar sei Julius »zornmütig« gewesen und habe voller ausgefallener Ideen gesteckt, aber, so schließt Guicciardini: »Er wurde mehr als alle seine Vorgänger betrauert und … wird in glorreichem Andenken gehalten.«

Doch der Nachruhm dieses kriegerischen Papstes, der es mit jedem weltlichen Fürsten des 16. Jahrhunderts aufnehmen konnte, beruhte nicht auf seinen Eroberungen, sondern auf der Zusammenarbeit mit einem Bildhauer, der behauptete, nicht malen zu können. Gemeinsam schufen sie ein unvergängliches Werk christlichen Glaubens, das zu den erstaunlichsten künstlerischen Schöpfungen der Welt zählt.

DIE ENTSTEHUNG EINES MEISTERWERKS

Sanftes Licht erfüllt das Innere der Sixtinischen Kapelle mit dem majestätischen Deckengewölbe und den prachtvollen Fresken Michelangelos.

Io gia facto ùgozo ìquesto stèto
chome fa lacqua agacti ìlonbardia
ouer daltro paese chessisia
cha forza luetre apicha soctolmèto

Labarba alcielo ellamemoria sento
ìsullo scrignio elspecto fo darpia
elpennel sopraluiso tuctauia
melfa gocciando ùricho pauimèto

E lòbi entrati miso nella peccia
e fo delcul p chotrapeso groppa
e passi sèza gliochi muouo ìuano

Dimàzi misalluga lachorteccia
ep piegarsi adietro sragroppa
e tèdomi comarcho soriano

po fallace estrano
surgie iliuditio ch lamète porta
ch mal sipra p cerboctana torta

lamia pictura morta

difedi orma giouanni elmio onore
nò sèdo floco bò ne io pictore

Von allen Kunstwerken, die unter den Päpsten geschaffen wurden, ist die Sixtinische Kapelle wohl das bedeutendste. Sie wurde 1473 von Sixtus IV., dem extravaganten Onkel Julius' II., in Auftrag gegeben, der sie neben dem Vatikan errichten ließ. Die Sixtina diente in erster Linie als Konklave für die Kardinäle bei der Wahl eines neuen Papstes. Architektur und Dekor der Kapelle unterstreichen die historische Bedeutung dieses Anlasses. Die Kapelle hat die Dimensionen einer Kirche: Das Mittelschiff ist 40 m lang und 13,5 m breit – Abmessungen, die jenen des Salomontempels in der Bibel entsprechen. Den Boden bedeckt ein Mosaik aus vielfarbigen Steinen. Ein prachtvoller marmorner Chorabschluß, der dem frühen Renaissancebildhauer Mino da Fiesole zugeschrieben wird, trennt den Vorraum für die Laien vom Presbyterium, dem Raum, der dem Klerus vorbehalten ist. An den Wänden reihen sich Fresken, auf denen Szenen aus dem Leben Moses' und Jesu einander gegenübergestellt sind, die Papst Sixtus von Meistern des 15. Jhs. malen ließ – darunter Il Perugino, Piero di Cosimo und Sandro Botticelli.

Doch die Krönung der Kapelle ist die Decke – ein 21 m hohes Tonnengewölbe, das Julius II. zur Erinnerung an seinen Onkel bemalen ließ. Dieser kriegerische Papst, ein ehrgeiziger und geschickter Mann, mag das Projekt auch deshalb in Angriff genommen haben, um seinen Lieblingskünstler in erreichbarer Nähe zu haben. Aber was immer der Grund gewesen ist: die Aufgabe als solche war unerhört. Und der Künstler hatte so gut wie keine Erfahrung als Maler!

Michelangelo Buonarroti war 33 Jahre alt und wurde allenthalben als Bildhauer bewundert, als Julius II. ihn das erste Mal auf die Ausschmückung der Decke in der Sixtina ansprach. Der Künstler hatte kurz zuvor eine Bronzestatue des Papstes vollendet und noch früher ein marmornes Grabmal für ihn begonnen – den neuen Auftrag des Papstes jedoch lehnte er ab. Er bestand darauf, daß die Malerei nicht sein Metier sei, und schlug sogar vor, die Aufgabe seinem jungen Rivalen Raffael zu übertragen. Aber je heftiger er sich sträubte, desto unerbittlicher und zorniger wurde der reizbare Pontifex, bis Michelangelo einwilligte. Am 10. Mai 1508 nahm er – gegen eine Vorauszahlung von 500 Dukaten – die Arbeit auf, wurde aber nicht müde, seiner Verzweiflung darüber, daß er das monumentale Vorhaben übernommen hatte, Ausdruck zu geben, wie etwa in dem links wiedergegebenen Sonett.

Die Bilder auf den folgenden Seiten wurden aus jenen Zeichnungen ausgewählt, die Michelangelo vor und während der Arbeit an den Sixtinischen Fresken anfertigte. Teils mit der Feder, teils in Kreide ausgeführt, gelegentlich mit Figuren überladen wie das Deckenfresko selbst, offenbaren diese Vorstudien die Träume und geheimsten Visionen des Künstlers: wir tun einen Blick in die private Welt seines Schöpfertums. Michelangelo muß Hunderte solcher Studien angefertigt haben, doch gegen Ende seines Lebens verbrannte er die meisten, um alles zu tilgen, was von seinen inneren Kämpfen zeugte. Nach Vollendung strebend, wollte er, daß das fertige Werk von Anfang an als vollendet erscheine.

Er signierte seine Zeichnungen nur selten, und manche der ihm zugeschriebenen Blätter mögen Kopien von der Hand seiner Schüler sein. Die Zeichnungen in diesem Buch aber werden allgemein als Werke des Meisters angesehen. Auch in ihrem unfertigen, suchenden Zustand, den Michelangelo so beklagte, sind diese Blätter vollgültige Kunstwerke. Weil sie fast spontan der Vorstellungswelt des Meisters entsprangen, geben sie einen aufschlußreichen Einblick in die Entwicklungsstufen des fertigen Werks (S. 99 bis 102): ein überwältigendes Meisterstück, das sowohl dem Künstler als auch seinem Gönner zu bleibendem Ruhm gereicht.

Am Ende des Sonetts über die Arbeit beim Malen in der Sixtina seufzt Michelangelo: » ... den Ort verfehlt, und ich kein Maler« – eine immer wiederkehrende Klage über den Auftrag des Papstes. Der Künstler verzierte seine Gedichthandschrift mit einer Karikatur, die ihn bei der Arbeit zeigt. Er lag nicht auf dem Rücken, wie die Legende behauptet, sondern stand aufrecht, und » ... der Pinsel über mir beständig tropft / ein reiches Mosaik mir ins Gesicht«.

Das Sujet der rechts wiedergegebenen Skizze ist ein erster Entwurf für einen Teil des Deckenfreskos. Dieser Skizzenausschnitt ist mit der Feder aufs Papier geworfen. Später benutzte der Künstler den freien Raum rechts für verschiedene Arm- und Handstudien mit schwarzer Kreide. Michelangelo berücksichtigte die architektonischen Faktoren der Kapelle und wollte einen Entwurf, der das Deckengemälde mit den Fresken an den Seitenwänden harmonisch verband. Zu diesem ursprünglichen Plan gehörten – wahrscheinlich auf Verlangen des Papstes – Abbildungen der zwölf Apostel über den Fenstern. Auf der Skizze sitzt einer der Apostel zwischen zwei Fensterbogen. Über dem Thron des Apostels befindet sich ein auf die Spitze gestelltes Quadrat, das die ganze Decke einnimmt; die obere Kante der Federzeichnung endet, wo sich der entsprechende Thron zur gegenüberliegenden Wand befindet. Michelangelo verwarf diesen Plan wieder als zu starr und überzeugte Julius II., daß es »viel zu kümmerlich« sei, allein die Apostel zu malen. Daraufhin »gebot mir der Papst, zu malen, wie es mir beliebe« – vielleicht das erste Mal, daß ein Renaissance-Mäzen einem Künstler völlig freie Hand ließ.

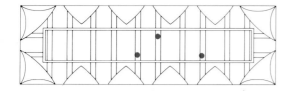

Auf der Schemazeichnung für das Deckengemälde (links und auf den folgenden Seiten) zeigen rote Punkte, für welche Stellen die abgebildeten Entwürfe gemacht worden sind. (Michelangelo allerdings hat die auf den Seiten 84, 85 und die unten abgebildeten Planzeichnungen nicht ausgeführt; sie erscheinen also nicht auf dem Fresko.) Eine Wiedergabe des gesamten Deckengemäldes der Sixtina befindet sich auf dem Faltblatt Seite 99—102.

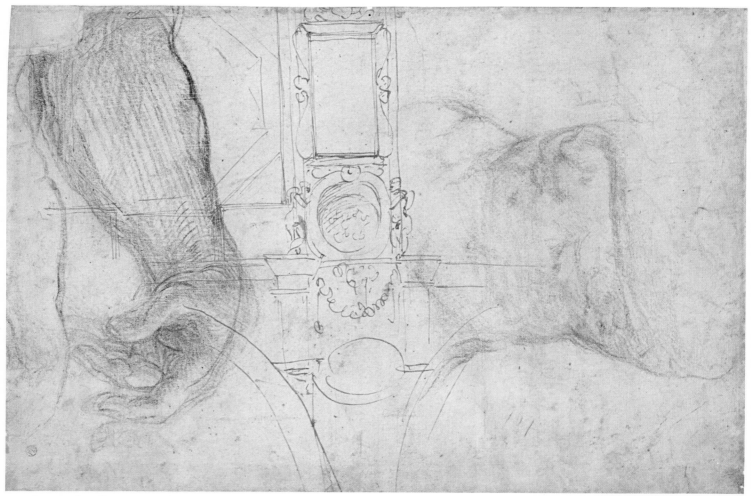

Eine bereits detailliertere Zeichnung – im Vergleich zur Skizze auf Seite 84/85 –, aber noch immer unbefriedigend in den Augen des Meisters. Das Blatt zeigt außerdem Studien eines Arms und (rechts) – schwerer erkennbar – eines Torsos.

Bei der Überlegung, wie die zur Verfügung stehenden Flächen am besten zu füllen seien, widmete sich Michelangelo ganz der Gestaltung des menschlichen Körpers, die ihn schon als Bildhauer leidenschaftlich interessiert hatte. Mit sicheren Strichen skizzierte er (rechts) verschiedene nackte Jünglinge (ignudi); drei von ihnen stehen mit bestimmten Fresken in Zusammenhang. Diese ausdrucksvollen, lebendigen Formen mußten die Decke der Kapelle förmlich sprengen. In der christlichen Kunst hatte die Darstellung des nackten menschlichen Körpers eine lange Tradition, und auch Papst Julius hatte – im Gegensatz zu seinen Nachfolgern – nichts gegen sie einzuwenden. Doch die ignudi Michelangelos sind unübertroffen in der Vielfalt der Haltungen und des Ausdrucks, durch welche die Empfindungen des Künstlers für die Schönheit und die Natur des Menschen und dessen Beziehung zu Gott sichtbar werden.

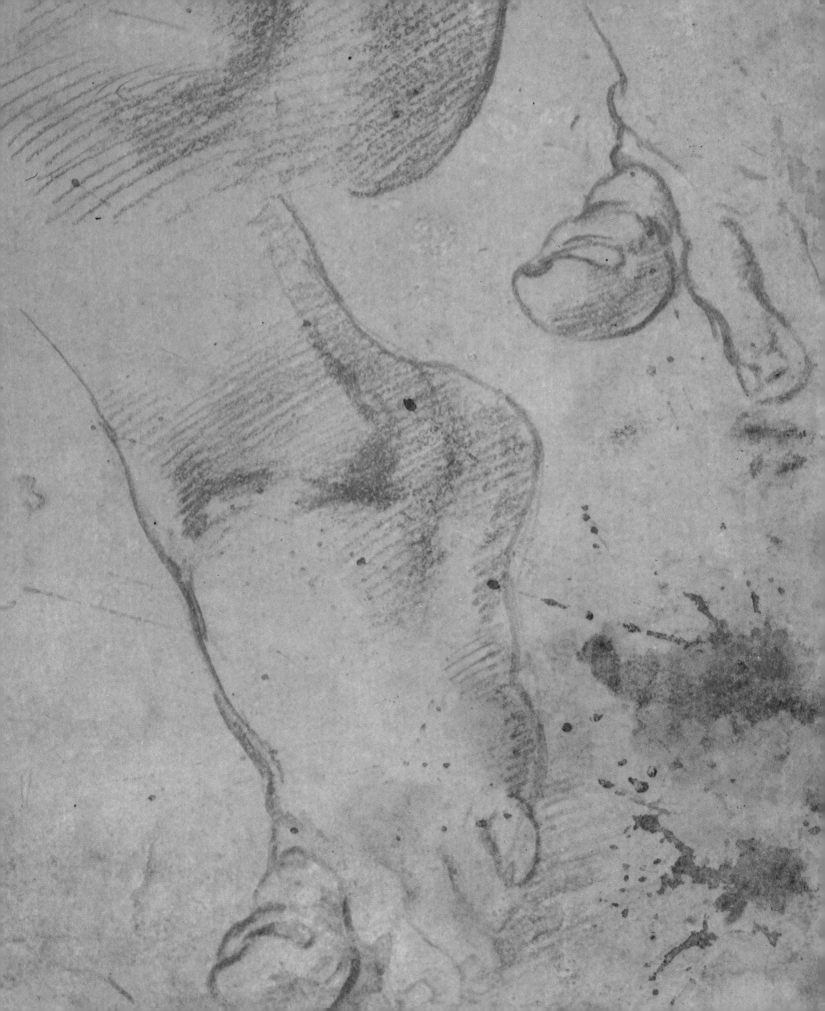

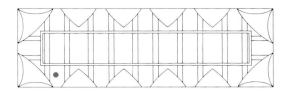

Der Plan, den Michelangelo schließlich verwirklichte, war ungeheuer ehrgeizig — so ehrgeizig, daß der Meister wahrscheinlich den Rat vatikanischer Gelehrter suchen mußte. An die Stelle der zwölf Apostel im unteren Teil des Deckengemäldes setzte er abwechselnd Propheten des Alten Testaments und Sibyllen — Seherinnen aus der griechisch-römischen Mythologie, die auch das Kommen eines Messias vorhersagten. Die großartige Zeichnung rechts, in Rötel ausgeführt, ist eine Studie für die libysche Sibylle, nach der griechischen Sage eine Tochter des Zeus und einer Zauberin. Zuerst brachte Michelangelo anscheinend den feinschattierten Rumpf zu Papier; die ausgestreckten Arme halten auf dem fertigen Fresko ein Buch der Prophezeiungen. Neben der Gestalt die sorgfältigen Studien der Details. Unter dem Torso zeichnete Michelangelo einen ausgestreckten Fuß (Ausschnitt gegenüberliegende Seite), den er dann noch zweimal, gleichsam wie durch ein Vergrößerungsglas betrachtet, skizzierte, wobei er sich beim zweitenmal ganz auf die große Zehe konzentrierte, die den größten Teil des Körpergewichts trägt. Eine Studie der linken Hand befindet sich in der unteren Hälfte des rechts abgebildeten Blattes; daneben noch einmal das Gesicht, das schon Züge jener klassischen Schönheit annimmt, die es schließlich in der Endfassung im Deckengemälde zeigt.

SEITE 90/91: *Dieses Detail einer Studie zur libyschen Sibylle zeigt Michelangelos Virtuosität in der Darstellung des menschlichen Körpers. Sie offenbart auch, daß er, der Gepflogenheit der Renaissance entsprechend, seine Frauenfiguren nach einem männlichen Modell schuf. Auf den Fresken ist die Muskulatur der weiblichen Gestalten zwar weniger ausgeprägt als bei den männlichen, doch bleibt den Figuren etwas Massiges und Kraftvolles.*

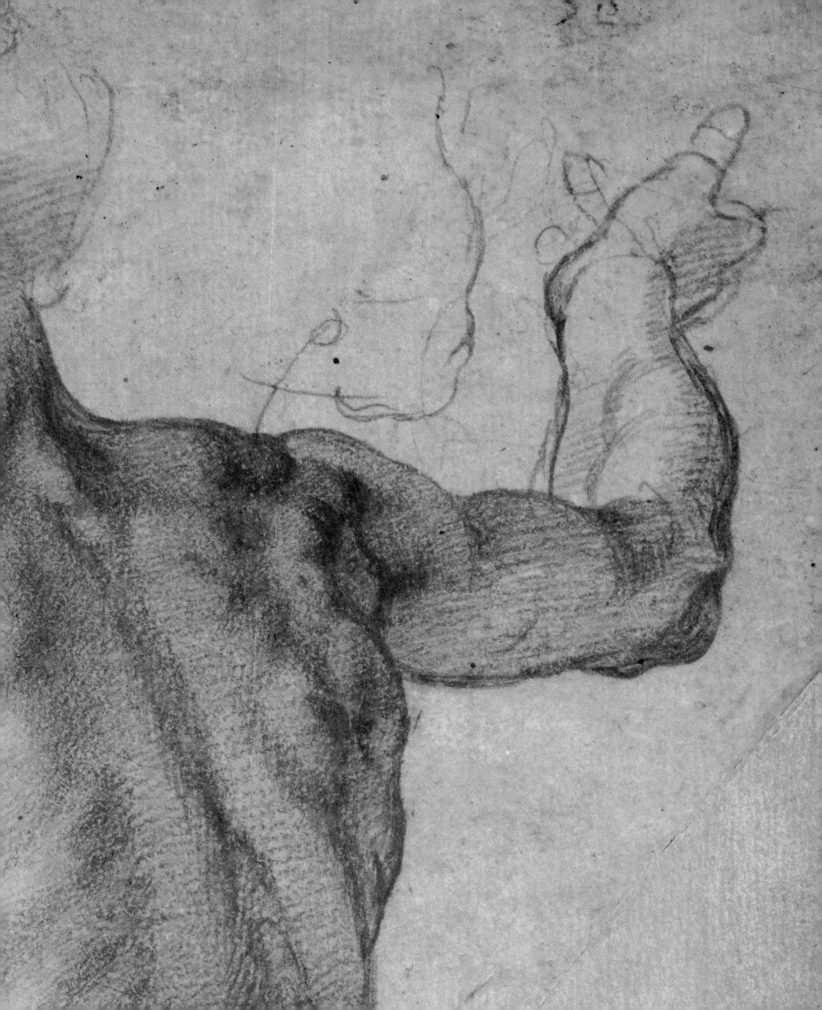

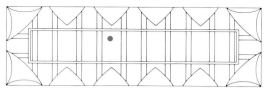

Die Großartigkeit und die Unmittelbarkeit der Schöpfungen Michelangelos spricht aus jeder Linie dieser Studie zu seinem berühmtesten Bild, »Die Erschaffung Adams.« Hier wie auf dem Deckengemälde liegt Adam, in anmutiger Haltung, den linken Arm ausgestreckt, um die lebensspendende Berührung Gottes zu empfangen. »Die Erschaffung Adams« war eine der neun Episoden aus der Genesis (1. Buch Moses [Schöpfungsgeschichte]), die Michelangelo in die Mitte des Deckengewölbes malte. Für diese wie alle anderen Deckengemälde der Sixtina wählte Michelangelo die Technik der »pittura a fresco«, der Freskomalerei, bei der in Wasser gelöste Farbe auf den frischen, noch nassen Putz aufgetragen wird. Nach der Skizze fertigte er den »Karton« – eine Vorzeichnung in Größe des Originals – an. Auf dem Gerüst stehend, übertrug er anschließend den Entwurf auf die Decke, indem er den Karton auf den feuchten Putz legte und die Konturen mit einem Metallgriffel durchdrückte. Dann trug er die Farben auf und ging dabei häufig über die Umrisse der Vorzeichnung hinaus – bis manche Figuren eine Höhe von fast 6 m erreichten. Dieses mühsame Verfahren sowie die Anstrengung, mit emporgerecktem Gesicht zu malen, drohten zeitweise den Meister zu zermürben. »Ich schinde mich unsäglich und fühle mich am ganzen Leib zerschlagen«, schrieb er 1509 an seinen Bruder. »Ich habe keine Freunde ... und ich will auch keine ... und habe nicht einmal Zeit, das Nötigste zu essen.«

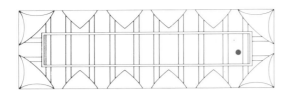

Wie ein Dichter mit Worten spielt oder ein Maler mit Farben, so liebte es Michelangelo, der im Grunde seines Herzens immer Bildhauer blieb, die menschlichen Gliedmaßen und Gesten aus den verschiedensten Blickwinkeln zu studieren. Die Armhaltung, die er hier mit schwarzem Stift skizzierte, gehörte zu einer umfangreichen Serie von Studien, aus denen er wie aus einem Fundus schöpfte. Die rechts abgebildete Zeichnung entstand für eine der ersten Szenen des Deckengemäldes – Noah und seine Söhne nach der Sintflut. Der knappe, sichere Strich verrät Michelangelos Bestreben, seine Figuren auch in 20 m Höhe deutlich erkennbar zu machen. Die Hand des oberen Arms ähnelt derjenigen Gottes in der »Erschaffung Adams« – eines der vielen Beispiele dafür, daß Michelangelo wiederholt denselben Arm, Rücken oder Torso malte, wenn auch an weit voneinander entfernten Stellen des Freskos.

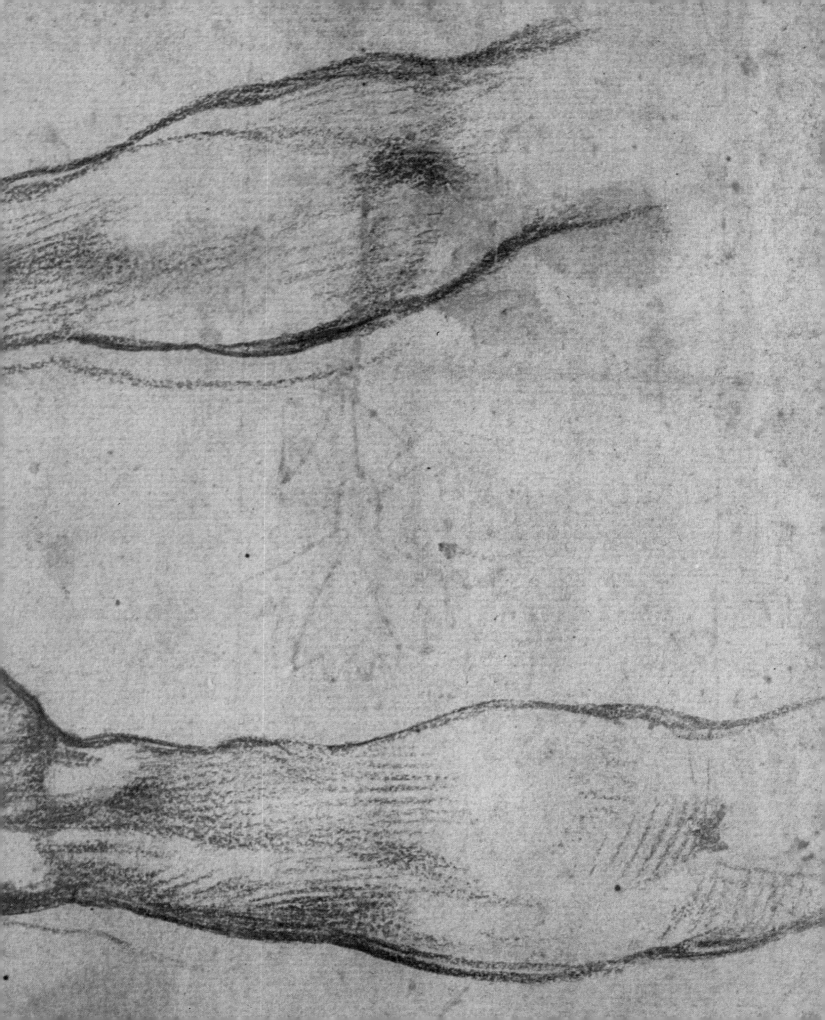

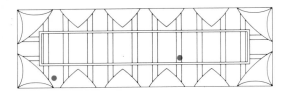

In seinem unermüdlichen Bestreben, die Vollkommenheit des menschlichen Körpers wiederzugeben, wandte sich Michelangelo immer aufs neue Aktstudien zu. Der Torso (links) ist der Entwurf für die Gestalt des Jünglings über dem Propheten Jesaias. Wie andere Humanisten der Renaissance war auch Michelangelo ein Bewunderer der klassischen Kunst Griechenlands und suchte jene idealisierte Schönheit nachzubilden, die aus den neu entdeckten Plastiken der Antike sprach. Doch Michelangelo übertraf diese Vorbilder, indem er seinen Figuren nicht allein vollendete Anmut verlieh, sondern in ihnen die inneren Kämpfe seiner eigenen Persönlichkeit ausdrückte – eines sinnlich veranlagten Menschen, der sich nach einem geistig erfüllten Leben sehnte.

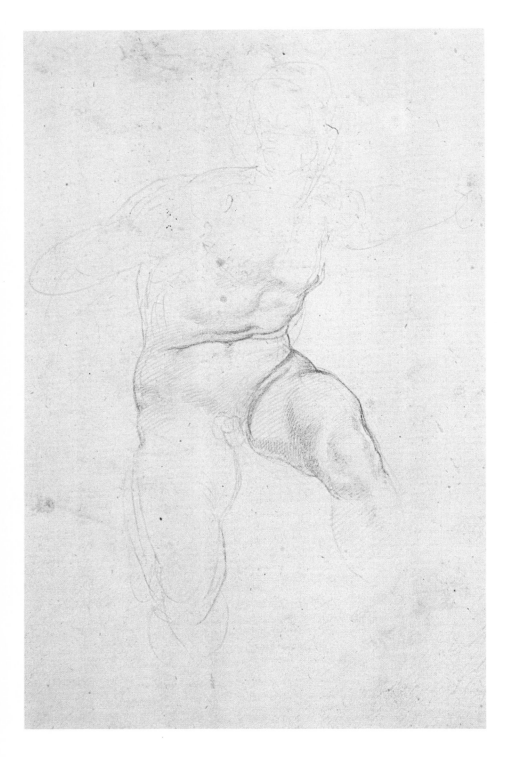

Auf dem rechts abgebildeten Blatt hat sich Michelangelo mit drei verschiedenen Themen beschäftigt. Der Halbakt (oben rechts) mit der heroisch geballten Faust erscheint im Fresko zur Linken der libyschen Sibylle als Kind. Links skizzierte Michelangelo die rechte Hand der Sibylle – sie hält ein schweres Buch, was an den hervortretenden Sehnen deutlich wird. Den unteren Teil des Blattes hat der Meister für Skizzen von sechs gefesselten Sklaven verwendet, die für das Grabmal Papst Julius' II. bestimmt waren. Das Gesims (oben links) gehört wahrscheinlich auch zu diesem Grabmal – ein Projekt, das Michelangelo vermutlich 1510 weiter vorantrieb, bevor er sich abermals dem Deckengemälde in der Sixtina zuwandte und es vollendete.

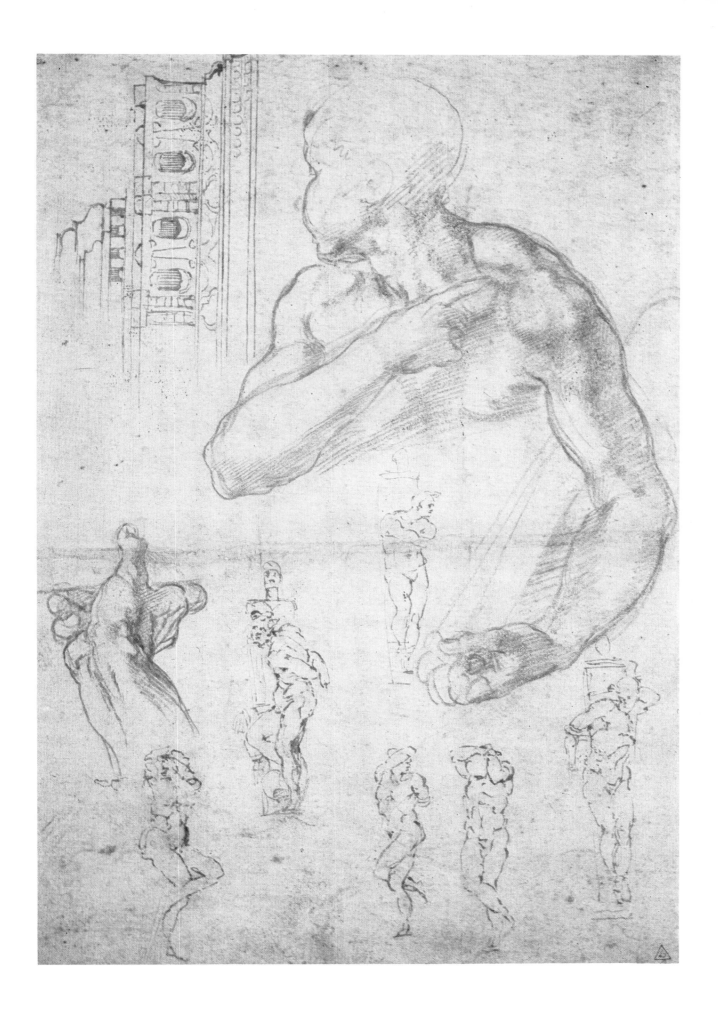

Die zeichnerische Kunst in der Darstellung dieses Jünglingskopfes ist einzigartig; die Züge sind mit Kreide skizziert und mit brauner Tinte überarbeitet. Michelangelo hat diese Studie vielleicht seitenverkehrt als Vorlage für den Kopf des Adam verwendet.

Die Kreuzigung Hamans · Jeremias · Salomon · Persische Sibylle · Roboam · Ezechiel · Ozias · Sibylle von Erythrai · Zorobabel · Joel · David und Goliath

Jonas · Gott trennt das Licht von der Finsternis · Die Erschaffung der Gestirne · Gott scheidet Wasser und Erde · Die Erschaffung Adams · Die Erschaffung Evas · Sündenfall und Vertreibung · Das Opfer Noahs · Die Sintflut · Die Trunkenheit Noahs · Zacharias

Moses und die eherne Schlange · Libysche Sibylle · Jesse · Daniel · Asa · Cumaea · Ezechias · Jesaias · Josias · Delphische Sibylle · Judith und Holofernes

Michelangelo stellt auf seinem Deckengemälde Sibyllen, Propheten und Patriarchen dar, die er optisch und thematisch zu einer einzigen großartigen Ankündigung des Kommens Christi vereinte.

Michelangelo plagte sich fast vier Jahre lang mit seinem Werk, wobei er praktisch allein arbeitete. In seinem Drang nach Vollkommenheit hätte er noch länger gebraucht, wenn der Papst in seiner Ungeduld ihn nicht immer wieder gefragt hätte, wann er fertig werde. »Sobald ich kann, Heiliger Vater«, lautete die stereotype Antwort Michelangelos, bis der erzürnte Pontifex mit dem Bischofsstab nach ihm schlug und ihm sogar drohte, ihn vom Gerüst zu werfen. Solchermaßen unter Druck gesetzt, beeilte sich Michelangelo, fertig zu werden, und am 31. Oktober 1512 konnte er sein Werk endlich enthüllen.

Am Morgen dieses Tages zelebrierte der Papst die Messe, während alle Künstler und hohen Beamten Roms sich im Inneren der Sixtinischen Kapelle versammelten, um Michelangelos Arbeit in Augenschein zu nehmen. Was sie sahen, glich weniger einem ausgemalten Deckengewölbe als vielmehr einer anderen Welt, bevölkert von über dreihundert Figuren – viele von ihnen in drei- bis vierfacher Lebensgröße –, die in Gesicht und Haltung ein Äußerstes an Schmerz und Verzückkung ausdrückten. Nur die Farbgebung, eine reiche Harmonie an naturalistischen Tönen, war gedämpft. Verglichen mit den maßvolleren Fresken, die für Sixtus IV. entstanden waren, glich das Deckenbild einem Titanenkampf, und genau das gefiel dem ungestümen Papst Julius.

Das Machtvolle dieser Bilderwelt wird nicht zuletzt auch durch die Geschichte heraufbeschworen, die sich vor dem Auge des Betrachters entfaltet: die Vorgeschichte des Christentums, die auf das Neue Testament hinweist. Michelangelo gliederte dieses Sujet – und damit die Decke – in vier Teile (siehe Diagramm oben). Die Episoden aus dem Buch Genesis im Mittelteil des Deckengemäldes erzählen von der Erschaffung und dem Sündenfall des Menschen und dem Neubeginn in der – immer noch sündenbeladenen und

erlösungsbedürftigen – Person Noahs. Eingerahmt werden diese Episoden von Propheten und Sibyllen – von Seherinnen und Verkündern. In den dreieckigen Feldern über den Fenstern stellte Michelangelo die Stammväter Christi dar, die das Bindeglied zwischen den Hebräern des Alten Testaments und dem Erlöser waren. Ebenfalls auf diese Figuren bezogen sind vier Szenen aus dem Alten Testament in den Ecken des Gewölbes.

Dem Wunsch des Papstes entsprechend, dienen die Fresken der Geschlossenheit der Kapelle, indem sie die Decke mit den Fresken an den Wänden verbinden, auf denen Szenen aus dem Leben Moses' und Jesu abgebildet sind. Sie künden auch von der Autorität des Papstes selbst. Das Bildnis des betagten Propheten Zacharias, der den Einzug Jesu in Jerusalem voraussagte, befindet sich über dem Eingang zur Kapelle und gemahnt den Besucher an die Rolle des Papstes als Stellvertreter Christi auf Erden. Und über dem Altar befinden sich die Schöpfungsszenen, die nicht allein die Ankunft Christi beschwören, sondern auch als einzige Darstellungen Gottes enthalten, an dessen mächtiger Erscheinung der Papst seine Freude gehabt haben muß. Michelangelo pries seinen Gönner außerdem, indem er einige der Jünglinge mit Eichenlaub umgab: Papst Julius' Familienname Rovere bedeutet im Italienischen »die Eiche«.

Nur vier Monate nach Eröffnung der Kapelle ist der Papst, der nach Michelangelos Worten »überaus erfreut« war, im Alter von fast 70 Jahren gestorben. Dank seines Ehrgeizes war die Stadt Rom damals von einer Großartigkeit, die dem Papsttum angemessen war. Michelangelo, den man nun den Göttlichen nannte, fuhr fort, an den päpstlichen Monumenten zu arbeiten. Doch niemals wieder schufen ein Künstler und sein Gönner ein Werk, das sich mit dem Wunder der Sixtinischen Kapelle vergleichen konnte.

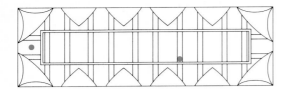

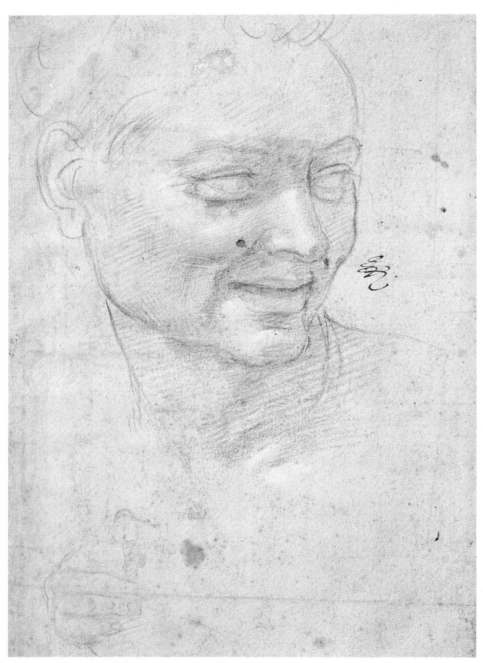

Michelangelos Leidenschaft für das Zeichnen nach dem lebenden Modell kommt vielleicht nirgends schöner zum Ausdruck als in diesem Porträt eines lachenden Jünglings. Es ist der Kopf zu dem auf Seite 96 skizzierten Torso.

Der zurückgeworfene Kopf (rechte Seite) mit den feinen Zügen entspricht dem Antlitz Jonas', der sich über dem Altar befindet und dem aus dem Chaos emporsteigenden Gott zugewandt ist. Wie Zacharias auf der Eingangsseite der Kapelle, kündet Jonas auf der entgegengesetzten Seite die Kirche und ihren Stellvertreter an: Die Geschichte von Jonas und dem Wal symbolisiert die Auferstehung – ein Gleichnis Jesu, dessen Stellvertreter auf Erden der Papst ist. Jonas war die zuletzt entstandene Gestalt Michelangelos auf der Decke der Sixtina; denn er ordnete und malte die Episoden aus der Genesis in umgekehrter zeitlicher Reihenfolge, begann also mit der »Trunkenheit Noahs« über dem Eingang. Damit brachte er eine während der Renaissance weitverbreitete Überzeugung zum Ausdruck, derzufolge das Leben des Menschen eine Reise aus der Knechtschaft des Fleisches (die durch Noah versinnbildlicht wird) zur Befreiung der Seele sein muß. Letztlich aber ist es die Kunst Michelangelos, der unerhörte Reichtum und die Vielgestaltigkeit seiner Bilderwelt, die das Deckengemälde der Sixtinischen Kapelle zu einer so ehrfurchtgebietenden Leistung machten – »eine Lampe, deren Schein ausreicht, um die ganze Welt zu erleuchten«, wie sein Freund Giorgio Vasari schreibt.

IV

URBAN VIII.

DAS TRIUMPHIERENDE ROM

Falls es zu den irdischen Aufgaben eines Papstes gehört, als eine Art Impresario zu fungieren, muß man – in diesem Sinne – Urban VIII. zu den größten aller Päpste rechnen. Maffeo Barberini kam als Glückskind zur Welt: Er war der Sohn eines reichen florentinischen Adligen mit guten verwandtschaftlichen Beziehungen. Außerdem war er gescheit genug, frühzeitig seine geistlichen Ambitionen zu erkennen, und talentiert genug, seine Karriere zielstrebig zu fördern. Mit der Hilfe seines Onkels, eines hochgestellten Prälaten, dessen Wort beim Vatikan etwas galt, machte Maffeo seinen Weg in der Kirche. Im Alter von 33 Jahren wurde er als päpstlicher Legat nach Frankreich entsandt. Seine offizielle Aufgabe war, König Heinrich IV. anläßlich der Geburt seines Sohnes, des späteren Ludwig XIII., die Segenswünsche der Kirche zu überbringen.

Kultiviert und von gewinnendem Äußeren, ein Gelehrter, Dichter und Liebhaber der Künste, gewann Barberini in Frankreich wichtige Freunde. 1606 gelang es ihm dank energischer französischer Unterstützung, in das Kardinalskollegium aufzusteigen. 1623 wählten die Kardinäle ihn zum Papst. 55 Jahre alt, von bester Gesundheit und ein langes Pontifikat vor sich, wählte er den Namen Urban, wohl um zu bekunden, daß er die Stadt Rom zu erneuern und die Peterskirche so zu schmücken und zu verschönern gedachte, wie es ihr zukam.

Als er die päpstliche Tiara aufs Haupt setzte, hatte er bereits den Mann gefunden, der dazu ausersehen war, diese Wunder zu vollbringen. In Rom lebte damals ein junges Genie: Gianlorenzo, der Sohn eines Bildhauers namens Pietro Bernini. Gianlorenzo war ein Wunderkind gewesen. Noch keine zehn Jahre alt, hatte er den Marmor behauen wie ein Meister, seine Knabenzeit hatte er in den vatikanischen Sammlungen zugebracht, wo er Skulpturen der römischen Antike abzeichnete. Endlich brachte man ihn vor Papst

Von seinem Grabmal herab segnet Papst Urban VIII. die Gemeinde. Diese goldverzierte Statue aus dunkler Bronze schuf Gianlorenzo Bernini um das Jahr 1647.

Paul V., einen Vorgänger Urbans. Der Heilige Vater, so erzählte man, habe den jungen Mann mit goldenen Münzen überhäuft. Zu Kardinal Barberini gewandt, der zufällig zugegen war, bemerkte der Papst: »Wir hoffen, daß dieser Jüngling der Michelangelo seines Jahrhunderts wird!«

Von nun an arbeitete Bernini in der Hauptsache für die römischen Oberhirten, während der kundige Kardinal – wohl wissend, daß Bernini der Michelangelo seines Jahrhunderts war – die Werke des Meisters in Gedichten besang und auf seine Stunde wartete. Als Bernini an seiner vielgerühmten Statue des David arbeitete, hielt Kardinal Barberini ihm den Spiegel, damit der Meister die jugendlichen Züge des David nach seinen eigenen modellieren konnte. Kaum war Papst Urban VIII. als solcher designiert, als er Bernini rufen ließ und ihm erklärte: »Es ist ein großes Glück für Euch, *cavaliere*, daß Kardinal Maffeo Barberini Papst geworden ist; aber ein weit größeres Glück ist es für Uns, daß *cavaliere* Bernini Unser Zeitgenosse ist!« Ob der Papst wirklich ein so umständliches Kompliment gemacht hat, tut nichts zur Sache; in seinem Kern ist es wahr. Selten haben Kunstmäzen und Künstler einander so vorzüglich ergänzt. Bernini, 25 Jahre alt, war nun der Fürst aller italienischen Künstler und stand im Dienste eines Gönners, dessen Ehrgeiz es war, die größte Kirche der Welt auszuschmücken.

Viele Päpste waren glänzende, gebildete Männer, aber keiner von ihnen hat Urban VIII. an verfeinerter Kultur übertroffen. Er hatte Bernini als den Besten erkannt, aber er nahm auch die Dienste vieler anderer Künstler in Anspruch, auf die er aufmerksam wurde. Er hatte die Naturwissenschaften studiert; Galileo Galilei, der das erste Fernrohr baute und die vier Jupitermonde entdeckte, war sein persönlicher Freund. Vor allem aber war Urban ein Meister der großen Geste. Im Jahr 1623 war der Neubau der Peterskirche fast abgeschlossen. Dem Kircheninneren fehlte der Schmuck, es gab weder die grandiosen Kolonnaden noch den Petersplatz, aber die mächtige, von Michelangelo geschaffene Kuppel war vollendet, ebenso die Fassade. Trotzdem war das Gotteshaus noch nicht wieder geweiht worden.

Im November 1626 dann weihte Urban die Peterskirche ein; die Feierlichkeiten dauerten zwei volle Tage. Zur gleichen Zeit aber war in der Kirche bereits ein neues, gewaltiges Bauprojekt in

KARDINAL ANTONIO BARBERINI

FÜRST TADDEO BARBERINI

KARDINAL FRANCESCO BARBERINI

KARDINAL ANTONIO BARBERINI d. J.

Papst Urban VIII. vergaß niemals, daß er auch das Oberhaupt seiner Familie war. So verhalf er seinem Bruder Antonio und seinen Neffen Francesco sowie Antonio d. J. zur Kardinalswürde. Seinem Neffen Taddeo verschaffte er einen Fürstentitel, ein Vermögen und eine Braut aus adligem Haus.

Gang; denn bereits am 30. Juni jenes Jahres hatte der Papst Bernini einen Tabernakel für den Hochaltar in Auftrag gegeben. Niemand weiß, welche Anweisungen Urban seinem Baumeister gegeben hat, aber er muß ein Werk verlangt haben, das alles andere in der Kirche in den Schatten stellte.

Schon andere Päpste vor Urban hatten eine Neigung zur Prachtentfaltung gezeigt, eine gefährliche Tendenz, an der das Papsttum denn auch beinahe zugrunde gegangen wäre. Schon Julius II., im Jahrhundert zuvor, stand bei jeder Gelegenheit im Licht der Öffentlichkeit, und auch er war von dem Gedanken besessen gewesen, die Peterskirche umzubauen und zu verschönern. Leo X., sein Nachfolger, war womöglich noch »barocker« und großartiger. Kaum hatte er die päpstliche Krone entgegengenommen, soll er frohlockend gesagt haben: »Gott hat Uns das Papsttum gegeben. Nun wollen wir es auch genießen.« Und wirklich hatte dieser Abkömmling des großen florentinischen Hauses der Medici eine geradezu kindliche Ungeduld an den Tag gelegt, das Papsttum zu genießen. Entschlossen, den päpstlichen Hof zum kultiviertesten in ganz Europa zu machen, gab er viel Geld aus, um die hervorragendsten Schriftsteller, Gelehrten und Dichter seiner Zeit nach Rom zu locken, wo er ihnen großzügig die Schätze der Vatikanischen Bibliothek zugänglich machte. Mit Eifer trieb er den Umbau der Peterskirche voran; und, wie bereits Julius II. vor ihm, ermutigte er Raffael, die Freskenmalereien im Vatikanpalast fortzusetzen. (Den schwierigen Michelangelo ließ er, in sicherer Entfernung, in Florenz arbeiten.) Tatsächlich gab er das Geld mit vollen Händen aus – für Theaterstücke und Maskenspiele, Ballette, Regatten, Kostümbälle, Jagdveranstaltungen und für die Falknerei. Bei Banketten liebte er es, seine Gäste mit Überraschungen zu erfreuen; einmal flogen aus großen Pasteten ganze Wolken von Nachtigallen auf.

Die Aussagen des Papstes waren dementsprechend. Nicht selten belief sich sein jährlicher Etat auf 600000 Dukaten, und das in einer Zeit, in der man bequem von 200 leben konnte. Es dauerte nicht lange, und Leo saß bei jedem Bankhaus in Rom tief in der Kreide. Um das Defizit auszugleichen, schuf er sogar neue Kirchenämter, die käuflich waren, und so mancher gutsituierte Kleriker besorgte sich auf diese Weise eine einträgliche Position oder wurde sogar Kardinal. Auch der Verkauf von Ablässen wurde von

Leo nicht nur gebilligt. Bereits Julius II. hatte diese Praktik angewandt, um den Bau der Peterskirche zu fördern, Leo aber übertrieb den Ablaßhandel maßlos.

Kein Wunder also, daß Empörung aufkam. Im Jahre 1510, während des Pontifikats Julius' II., weilte ein unscheinbarer Ordensbruder aus der deutschen Kleinstadt Eisleben in Rom. Als einfacher Fremder, der er war, bemerkte Martin Luther nichts von den päpstlichen Verfehlungen, aber er trug bereits Zweifel in seinem Herzen, und er brachte diese Zweifel wieder mit nach Hause. 1517, während des Pontifikats Leos X., hatten sich die Zweifel Luthers, der mittlerweile in Wittenberg lebte, in Abscheu und Ekel verwandelt. Es war – jedenfalls zu Anfang – nicht seine Absicht gewesen, die Autorität des Papstes herauszufordern; wohl aber war es seine Überzeugung, daß der Ablaßhandel ein brennendes Thema für eine theologische Disputation sei. Zunächst verfaßte er 95 Thesen, die er – nach der Überlieferung – an der Tür der Schloß- und Universitätskirche zu Wittenberg anschlug. Damit brachte er eine Lawine ins Rollen. So lautete beispielsweise These 37 (in deutscher Übersetzung): »Jeder Christ, der lebendige und der tote, nimmt aus Gottes Gnade teil an allen Gütern der Kirche und Christi, ohne Ablaßbriefe.« Diese These ging freilich weit über die Frage des Ablasses hinaus. Binnen eines Monats zirkulierten Abschriften von Luthers Thesen bei deutschen, englischen, holländischen und schweizerischen Gelehrten.

Leo wollte es sich nicht eingestehen, aber die protestantische Reformation hatte begonnen. Und obgleich viele seiner Nachfolger auf dem Stuhl Petri ihr Amt besser versahen als er, war die Kirchenspaltung nicht mehr aufzuhalten. Die Situation wurde noch verworrener, als ein ehrgeiziger junger österreichischer Großherzog, Karl V., der zugleich König von Spanien und Herr der Niederlande war, zum Römischen Kaiser gewählt wurde und Norditalien besetzte. Im Morgengrauen des 6. Mai 1527 führte die kaiserliche Armee, bestehend aus deutschen und spanischen Truppen, ihren ersten Angriff gegen die Heilige Stadt. Am Abend des zweiten Tages lagen achttausend Römer tot in den Straßen; viele von ihnen waren zuvor gefoltert worden. Die kaiserlichen Truppen verwüsteten Kirchen, zerschlugen Kirchenschätze und ermordeten Priester. Im Verlauf des sechzehnten Jahrhunderts wandte sich der größte Teil Nordeuropas – England, die Nieder-

Als Urban VIII. sein Amt antrat, waren die Fassade und die Kuppel von St. Peter bereits vollendet (vgl. oben), und auch der Obelisk aus dem Forum Romanum stand schon an seinem heutigen Platz. Die Fertigstellung der von Bernini geschaffenen Kolonnaden, die den weiträumigen Platz abschließen, erlebte Urban nicht mehr.

lande, die skandinavischen Länder, fast ganz Deutschland und die Schweiz – für immer vom katholischen Glauben ab.

Wenigstens hatte der verheerende Schock einen heilsamen Effekt; die Kirche erkannte bis in die innersten Zirkel des Vatikans hinein die Notwendigkeit einer Reform. Und langsam begann sich diese uralte Institution zu reformieren und ganz allmählich ihren Einfluß und ihre Autorität, die unwiederbringlich verlorengegangen zu sein schienen, zurückzugewinnen. Die große Reformkommission, die als das allgemeine Konzil von Trient bekannt ist – es erstreckte sich über fünf Pontifikate und wurde erst 1563/64 abgeschlossen –, gab der Kirchenführung Gelegenheit, sich zu besinnen, den Glauben an die katholische Lehre wiederherzustellen und gegen den Protestantismus vorzugehen. England wurde bekanntlich nicht wieder gewonnen, aber ein beträchtlicher Teil Mitteleuropas kehrte in den Schoß der katholischen Kirche zurück. Spanien und Venedig kämpften Seite an Seite mit dem Papsttum gegen die osmanischen Türken, denen sie schließlich 1571 in der großen Seeschlacht im Golf von Lepanto, vor der Küste Griechenlands, eine vernichtende Niederlage beibrachten. Wenig später fand auch Frankreich, das schon weit auf seiten des Protestantismus stand, in die katholische Welt zurück, indem Heinrich von Navarra leichten Herzens dem Calvinismus abschwor, um die Krone Frankreichs zu gewinnen (»Paris ist eine Messe wert«). Heinrich von Navarra, der spätere Heinrich IV., war derjenige, dem Maffeo Barberini die Segenswünsche der Kirche anläßlich der Geburt seines Sohnes überbrachte.

Und so hatte das Papsttum, als es an Urban VIII. überging, kaum noch Ähnlichkeit mit dem Amt, das Julius II. geprägt hatte. Nicht länger beherrschte der Papst die gesamte christliche Welt, und Urban VIII. spürte diese Veränderung. Wenigstens achtete er darauf, das Leben eines Priesters zu führen. Kein persönlicher Skandal befleckte seinen Ruf. Er liebte Gedichte, aber als Papst schrieb und verlangte er religiöse Verse. Er liebte die Musik, bestand aber darauf, daß Kirchenmusik von sakraler Art sein müsse. Eine seiner ersten Amtshandlungen als Papst war die Verfügung, daß Kleriker sich als solche zu kleiden hätten und sich nicht im Wagen durch Rom kutschieren lassen oder sonst wie reiche Laien auftreten dürften. Als Rom 1625 Tausende von Pilgern beherbergte, war Urban monatelang damit beschäftigt, der Stadt ein

FORTSETZUNG SEITE 118   111

KOSTBARKEITEN FÜR DEN HOCHALTAR

Nur wenige der prachtvollen Kunstgegenstände im Kirchenschatz der Peterskirche sind kunstvoller verziert und reicher ausgestattet als das Kruzifix links und die beiden Kerzenleuchter auf Seite 115. Das Kruzifix und die Leuchter (zwei von insgesamt sechs) waren die Gaben, die zwei große Papstfamilien – die Barberini und die Farnese – für den Haupt- oder Hochaltar der Peterskirche stifteten.

Schon früh in der Geschichte der christlichen Kirche wurde eine Darstellung des gekreuzigten Christus zum unerläßlichen Altarrequisit jeder Kirche, während man erst im 10. Jh. damit begann, den Altar auch mit Kerzenleuchtern zu schmücken. Zunächst genügte ein Paar – zur Zeit Urbans VIII. waren es bereits sechs.

Es dauerte viele Jahre, bis die Altarrequisiten der Peterskirche hergestellt und mit den Emblemen ihrer Stifter versehen waren. Zwischen den beiden Papstfamilien herrschte eine bittere Rivalität: Die Farnese waren ein altes Adelsgeschlecht, aus dem schon ein Papst und mehrere Kardinäle hervorgegangen waren, und zwar lange bevor es die Barberini – Abkömmlinge eines in den Adelsstand erhobenen florentinischen Kaufmanns – in Rom zu Ansehen brachten. Das Kruzifix und das Leuchterpaar, verziert mit den Lilien der Farnese, hatte Kardinal Alessandro Farnese in Auftrag gegeben und 1582 der Kirche zum Geschenk gemacht. Das Kruzifix ließ Urban VIII. nachträglich noch mit goldenen Bienen verzieren, dem Wappentier seiner Familie. Später gab sein Neffe, Kardinal Francesco Barberini, vier neue Leuchter mit Bienendekor in Auftrag. Die Schönheit dieser Objekte überdauerte den alten Familienzwist, und auch der Glanz des Standorts – des päpstlichen Altars in der Peterskirche – strahlt auf sie zurück.

Das Standkreuz (links) aus vergoldetem Silber, 180 cm hoch und 130 Pfund schwer, ist das Werk eines Goldschmiedes aus dem 16. Jh. namens Antonio Gentili. Das Kreuz selbst ist aus Lapislazuli mit Medaillons aus Bergkristall. Die Medaillonfassungen sind mit der Farnese-Lilie geschmückt, während sich unmittelbar unter dem Kreuz die goldenen Bienen des Barberini-Wappens befinden. Der Ausschnitt rechts (aus dem Mittelstück des Kreuzes) zeigt das Haupt des gekreuzigten Christus.

Ein Jahrhundert der Kunstentwicklung liegt zwischen diesen beiden Leuchtern aus vergoldetem Silber: Oben links und im Ausschnitt auf der linken Seite sehen wir den Leuchter, den Kardinal Farnese 1582 der Peterskirche stiftete; oben rechts und im Ausschnitt auf den folgenden
Seiten den Kardinal Barberinis, den er der Kirche um 1670 zum Geschenk gemacht hat.

Der Ausschnitt (linke Seite) vom Mittelteil
des Farnese-Leuchters zeigt die fein skulp-
tierte Figur Moses', zwischen zwei griechischen Säulen und flankiert von zwei Sibyllen. Bei der Arbeit an diesen Figuren hatte
der Bildhauer Antonio Gentili unverkennbar
das Werk Michelangelos vor Augen.

Der Künstler, den Kardinal Barberini mit der Gestaltung der vier Leuchter für St. Peter beauftragte, war der aus einer berühmten Familie römischer Metallschmiede stammende Carlo Spagna. Seine Vorlagen können Zeichnungen Berninis gewesen sein; auf jeden Fall aber hat er das Werk dieses großen Bildhauers gekannt, wie der Engel am Fuß des Leuchters mit den für Bernini typischen Bewegungen, den fließenden Gewändern und gefiederten Flügeln beweist.

FORTSETZUNG VON SEITE 111

einigermaßen anständiges Aussehen zu geben. Das gelang ihm so gut, daß ein Abt beim Besuch Roms in offenkundiger Verwunderung schrieb: »Ich für meinen Teil habe nichts Anstößiges in Rom gesehen, sondern im Gegenteil überall nur sehr große Frömmigkeit bemerkt.« Ein holländischer Pilger nannte Urban »den großen Schlüsselbewahrer der Himmelspforte«.

Aber wie Urban nur allzugut wußte, glich das Papsttum noch immer einer absolutistischen Monarchie. Päpstlichem Brauch gemäß, machte er seine Verwandten zu Kardinälen. Alle Barberinis häuften auf Kosten der Kirche Reichtümer an und entwickelten sich zu großzügigen Förderern der Künste und zu umsichtigen Käufern großer Ländereien. Wenn das römische Volk etwas gegen dieses Treiben einzuwenden hatte – und es hatte viel dagegen einzuwenden –, konnte es ja seinem Herzen in *graffiti* (Wandkritzeleien) Luft machen. Zumindest einer der Unzufriedenen, ein Schriftsteller namens Ferranti Pallavincine, büßte freilich seine Kritik am aufwendigen Stil der Barberinis mit seinem Leben.

Als stolzer Florentiner war Urban stets auf seinen eigenen Nutzen bedacht, und so sorgte er sich nicht allein um seine nächsten Angehörigen, sondern auch um sein Herrschaftsgebiet. Wie sein Vorgänger Julius II. wollte auch Urban, daß das Papsttum ein machtvoller Faktor in der internationalen Politik sei, und ließ zu diesem Zweck Waffen anfertigen für ein Arsenal. Als er aber 1641 gegen den Herzog von Parma einen Krieg führte, um dem Kirchenstaat ein unbedeutendes Fleckchen Erde bei Rom zurückzugewinnen, mußten seine Streitkräfte eine Niederlage einstecken. Während Urbans Pontifikat hatte ganz Europa unter dem Dreißigjährigen Krieg zu leiden, einem langen, wilden Gemetzel zwischen Katholiken und Protestanten. Doch der Papst wahrte in diesem Streit seine Neutralität, und als der Krieg 1648 endlich ein Ende nahm, hatten die großen Mächte Europas für den Kirchenstaat nur noch Verachtung übrig.

Doch die tragischste Episode im Pontifikat Urbans war der Prozeß und (1633) die Verurteilung des Astronomen Galilei, seines alten Freundes und eines der originellsten Geister seiner Zeit. Galilei war von der Richtigkeit der Theorien überzeugt, die der polnische Astronom Kopernikus im Jahrhundert zuvor vertreten hatte. Danach war die Erde nicht der Mittelpunkt des Universums, ja nicht einmal der Mittelpunkt des Sonnensystems; vielmehr war

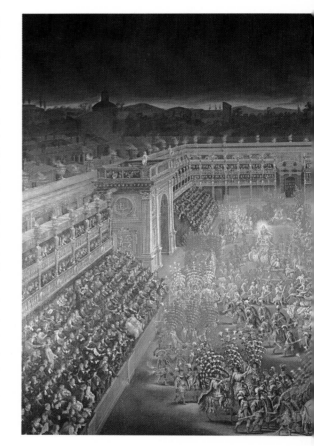

Während des Pontifikats seines Onkels beaufsichtigte Kardinal Francesco Barberini die Errichtung eines neuen Bauwerks, des Palazzo Barberini, für die päpstliche Familie auf dem Quirinal. Oben die Darstellung eines im Innenhof dieses Palastes stattfindenden Turniers, das 1656 zu Ehren eines königlichen Besuchers aus Schweden veranstaltet wurde.

es die Erde, die, so lehrte Kopernikus, zusammen mit anderen Planeten um die Sonne kreiste.

Die Kirche und überhaupt alle Gelehrten standen dieser Theorie skeptisch gegenüber, sofern sie sie nicht offen bekämpften. Die Idee widersprach der Bibel, die vom Aufgang und Untergang der Sonne spricht. Noch erschreckender war, daß Kopernikus den »Himmel«, den Sitz Gottes, leugnete. Das war eine ganz entsetzliche Perspektive. Urbans Vorgänger Paul V., derselbe Papst, der in dem jungen Bernini den Michelangelo seiner Zeit begrüßt hatte, verurteilte 1616 offiziell die – auch durch die Inquisition für irrig erklärten – Lehren des Kopernikus. Insbesondere war es Galilei verboten worden, sich schriftlich über Kopernikus und dessen Lehren zu verbreiten.

Nachdem er ein einziges Buch geschrieben hatte, das ihm die Verurteilung durch die Inquisition eintrug, hatte sich der Gelehrte viele Jahre in Schweigen gehüllt. Aber natürlich schöpfte er neue Hoffnung, als er seinen einflußreichen Bewunderer Barberini die päpstliche Tiara tragen sah. Galilei begab sich zu einem Besuch an den päpstlichen Hof, und Urban behandelte ihn wie einen Ehrengast. Jetzt – so hoffte Galilei – mußte doch die Zeit gekommen sein, ein neues Werk zur Verteidigung des kopernikanischen Weltbildes zu schreiben; was er dann im Jahr 1631 auch tat.

Doch zwei Jahre später – Galilei war bereits 69 Jahre alt – wurde er nach Rom vor die Inquisition zitiert. Warum er das ausdrückliche Verbot der Kirche, schriftlich die verpönten kopernikanischen Lehren zu vertreten, mißachtet habe? Ob er an diese Ketzerei glaube? Die Inquisitoren versicherten ihm, daß sie Siebzigjährige nicht mehr der Folter zu überantworten pflegten. Doch als Galilei ihrer ansichtig wurde, war ihm klar, daß sie und nicht er die Regeln dieses Gerichts bestimmen und verändern konnten. Zunächst versuchte er zu bestreiten, daß sein Buch überhaupt eine Verteidigung der kopernikanischen Lehre darstelle. Dieser Trick mißlang, da er auf einer durchsichtigen Lüge beruhte, und so mußte Galilei widerrufen. Urban VIII. milderte zwar Galileis Gefängnisstrafe, war aber tief verletzt; denn nicht nur hatte sich Galilei der Kirche widersetzt, er hatte auch in der Einleitung seines Buchs eine Figur namens »Simplicius« auftreten lassen, einen altmodischen Simpel, der eine gewisse Ähnlichkeit mit dem Papst aufwies. Urbans Stolz war gekränkt. Die Nachwelt hat ihn zum Schurken gemacht, weil er sich

Am 18. November 1626 weihte Urban VIII. – auf dem Bild im bischöflichen Ornat –, umgeben von Kardinälen und Botschaftern, die neue Peterskirche ein, an der seit nunmehr 174 Jahren gearbeitet worden war. Das große Geschenk dieses Papstes war ein neuer Tabernakel für den Hochaltar der Basilika, den er kurz zuvor in Auftrag gegeben hatte.

von Galilei abwandte, und dafür den Astronomen, der versuchte, seine Haut zu retten, zum Helden erhoben.

Unterdessen waren Bernini und seine Gehilfen dabei, jenes Monument zu vollenden, das neben dem Deckengemälde der Sixtinischen Kapelle und der Peterskirche selbst zu den grandiosesten aller päpstlichen Kunstschätze gehört. Denn im selben Jahr, da die Inquisition Galilei verhörte, stand der Tabernakel endlich an Ort und Stelle – über dem Hauptaltar der Peterskirche, über dem Grab des hl. Apostels. Um Bronze für seinen 33 Meter hohen Baldachin und die vier massiven Säulen zu gewinnen, hatte der Architekt die Bronzeträger des Pantheons verwendet, des besterhaltenen Bauwerks aus dem antiken Rom. *»Quod non fecerunt barbari, fecerunt barberini«* (Was die Barbaren nicht wagten, haben die Barberinis getan), spottete das römische Volk – in diesem Fall war es der Leibarzt des Papstes, der das Scherzwort erfunden hatte. Doch Urban konnte es sich leisten, darüber hinwegzugehen.

Sein Architekt hatte ihn wahrhaft unsterblich gemacht, hatte die Hand und den Namen und das Wappen Urbans für alle Zeiten in den Stein gebannt. Der Baldachin war eine architektonische Meisterleistung und zugleich ein Werk von überwältigender Schönheit. Wie die Fresken Michelangelos entzieht er sich jeder Beschreibung. 1682, kurz nach dem Tod Berninis, hatte dessen Biograph Filippo Baldinucci sichtlich Mühe, die passenden Worte zu finden. »Das Auge selbst ist auf den ersten Blick nicht fähig, dies alles schauend zu erfassen.«

Der Baldachin war keineswegs der einzige Auftrag, den Bernini für Urban VIII. ausführte, und auch nicht der letzte in der Peterskirche. Er schuf auch das Grabmal seines Gönners: das bemerkenswerteste in der ganzen Kirche; ebenso die anmutige Scala Regia, die Treppe, welche die Petersbasilika mit den vatikanischen Palästen verbindet. Und viel später, schon im Dienst anderer Päpste, baute er noch die Kolonnaden vor Sankt Peter – jenen majestätischen Wald von Säulen, die in mächtigen Ellipsen die Piazza säumen, und schuf damit den vielleich königlichsten aller öffentlichen Plätze, den Petersplatz.

Urban VIII. starb 1644, Bernini 1680. Gemeinsam bereicherten sie die großartigste Kirche der Welt um Unermeßliches und schufen ein Juwel, das für alle Zeiten als Zeichen der Erneuerung und Wiedererweckung bestehen wird.

DER BRONZENE BALDACHIN

Das Kreuz als Symbol für die Leiden Christi auf dem Baldachin über dem Hochaltar von St. Peter; darunter goldene Bienen, ein Emblem des Barberini-Papstes.

Das Wort »Baldachin« ist orientalischer Herkunft und bezeichnete ursprünglich einen an vier Stäben befestigten seidenen Traghimmel, der morgenländische Potentaten vor der Sonne schützte, wenn sie durch die Straßen zogen. Wie die dazugehörige Seide importierten die Italiener im Mittelalter das Wort »Baldachin« aus Bagdad, das sie *Baldacco* nannten. Erst allmählich verstand man unter »Baldachin« die Überdachung eines Altars, auch Tabernakel genannt. Der Baldachin in der Peterskirche, der sich an der Stelle erhebt, an der allein der Papst die hl. Messe zelebrieren darf, besteht aus vergoldeter Bronze, hat eine Höhe von 28 m und das erstaunliche Gewicht von 83 Tonnen. Doch obwohl sich dieser Tabernakel über dem »Herzen« der abendländischen Kirche erhebt, besitzt er die ganze orientalische Großartigkeit, die im Wort »Baldachin« mitschwingt; kein Kalif und kein chinesischer Kaiser hätten sich dieses Kunstwerks zu schämen brauchen, das trotz seines Tonnengewichts schwerelos und leicht erscheint. Aufstrebend in die luftige Höhe der Kuppel, wahrt es doch das grazile Aussehen eines Traghimmels.

In den sieben Jahren, die der Bau des Baldachins beanspruchte, hatten seine Schöpfer mit Widrigkeiten aller Art zu kämpfen. Im Jahr 1623, als Maffeo Barberini die Papstwürde erlangte, war das Innere der Peterskirche noch verhältnismäßig leer – ein Zustand, den der neue Papst zu seiner und Gottes Ehre zu ändern gewillt war. Für diese Aufgabe gewann er den jungen Gianlorenzo Bernini, den anerkannten Meister unter den Künstlern Roms.

Im Jahr 1626 begann Bernini mit der Arbeit an dem Baldachin, geriet aber bald in Schwierigkeiten. Um den vier von ihm geplanten Säulen des Tabernakels Halt zu geben, mußten in den Boden der Basilika über dem Petrusgrab vier Löcher von 3 m Durchmesser und knapp 5 m Tiefe gegraben werden. Bei dieser Gelegenheit kamen zum Entsetzen der abergläubischen Römer heidnische Gräber aus vorchristlicher Zeit zum Vorschein. Kurz darauf starben mehrere Kleriker des Vatikans eines plötzlichen Todes, und auch Papst Urban erkrankte. Die Arbeit geriet ins Stocken. Der Pontifex wartete ab, bis die Aufregung sich gelegt hatte, und ließ dann seinen Architekten weitermachen, wobei eigens ein gelehrter Mann damit beauftragt war, sorgfältig alle Knochen – ob christlich oder heidnisch – zu registrieren, die man bei den Arbeiten fand.

Der größte Skandal aber waren nicht die gefundenen Gebeine, sondern die von Bernini benötigten 90 t Bronze. Mit Hilfe der Autorität des Papstes und unter absoluter Mißachtung der öffentlichen Empörung entfernte Bernini die Bronzeträger aus dem Pantheon, einem Bauwerk aus der römischen Antike, das damals 1700 Jahre alt war. Er nahm sogar sieben Bronzerippen aus der Kuppel der Peterskirche und ersetzte sie durch Blei.

Doch als Papst Urban 1633 endlich das Meisterwerk enthüllte, legte sich der Zorn des Volkes. Nicht einmal die Gegner Urbans fanden etwas daran auszusetzen, daß Bernini den majestätischen Tabernakel mit allen möglichen Emblemen der Barberinis verziert hatte – mit Bienen, Lorbeer, Strahlenkränzen und – vermutlich – der Geburt eines Barberini-Nachkömmlings. Von Dichtern wurde der Baldachin in Sonetten besungen. Der begeisterte Pontifex, der den Lohn Berninis schon zuvor verdoppelt hatte, gewährte ihm nun noch eine Extraprämie. Was Bernini geschaffen hatte – das wußte der Papst –, war unbezahlbar; denn der Künstler hatte nicht allein den stolzen Mut der Barberini in seiner zeitlosen Schöpfung verherrlicht, sondern die neu erwachten Kräfte der triumphierenden Kirche selbst.

Zwischen den Bronzeträgern des sich über dem Hochaltar von St. Peter erhebenden Baldachins hindurch fällt der Blick auf die Kathedra des Apostels Petrus und den von Bernini geschaffenen Strahlenkranz über ihr. Von den Sockeln des Baldachins winden sich vier mächtige Säulen empor. Sie tragen eine große, reichgeschmückte Plattform, von der wiederum vier volutenartige Bekrönungen nach oben streben bis zu einer kleineren Plattform mit den Symbolen der Kirche: der Erdkugel und dem Kreuz.

Auf jeder der etwa 30 m hohen Säulen steht ein Engel mit wallendem Gewand. Es war ein Kennzeichen der virtuosen Kunst Berninis, Bronze und Marmor so weich und bewegt zu gestalten, als sei es ein Tuch im Wind. Unter den Voluten, die den Erdball und das Kreuz tragen, spielen zwei geflügelte Putten: Die eine, mit der päpstlichen Tiara, schwebt gefährlich über dem Rand der Plattform, die andere greift nach den Schlüsseln Petri. Im Original sind die Putten größer als ein mittelgroßer Erwachsener. Über dem Baldachin in der Kuppel ist ein Mosaik, das den Evangelisten Johannes darstellt. Der Adler zu seiner Linken ist seine Symbolfigur.

Prunkvoll und kostspielig, ist der Baldachin auch Zeugnis des Glaubens und der Frömmigkeit des Künstlers, der ihn schuf, und des päpstlichen Auftraggebers. Der Ausschnitt (links) zeigt die Decke des Baldachins, wie sie sich dem Papst darbietet, wenn er an dem nur für ihn bestimmten Altar nach oben blickt. Als wolle er das Licht durch die schwere Bronze hindurchzwingen, entwarf Bernini hier einen goldenen Strahlenkranz mit einer herabschwebenden Taube – dem Symbol des Heiligen Geistes.

Die gedrehten Kannelierungen befinden sich nur an den unteren Teilen der Säulen Berninis. Darüber zieren Engel und Blattwerk die kostbaren Stützen.

Die scheinbar bis in die Kuppel ragende Säule ist ein Beispiel für Berninis geniale Neubelebung alter Formen. Schon in der ersten Petersbasilika hatten vier gedrehte Säulen gestanden, die möglicherweise vom Tempel Salomons in Jerusalem stammten. Bernini ließ sich von ihnen inspirieren und unterstrich die Windungen der Säulen, indem er die spiralförmigen Kannelierungen vergoldete. Den oberen Rand des Baldachins schmücken Draperien aus Bronze.

SEITE 130/131: *Die zart verspielten Muster an der Säulenbasis täuschen über das enorme Gewicht hinweg, das jede Säule zu tragen hat. Akanthusblätter ranken empor, und auf dem Torus der Säule erscheinen abwechselnd zwei weitere Embleme der Familie Barberini – die goldene Biene und der Strahlenkranz der Sonne. Wie jeder mächtige Kunstmäzen des 17. Jhs. wollte auch Papst Urban auf allem, was er in Auftrag gab, sein Zeichen sehen.*

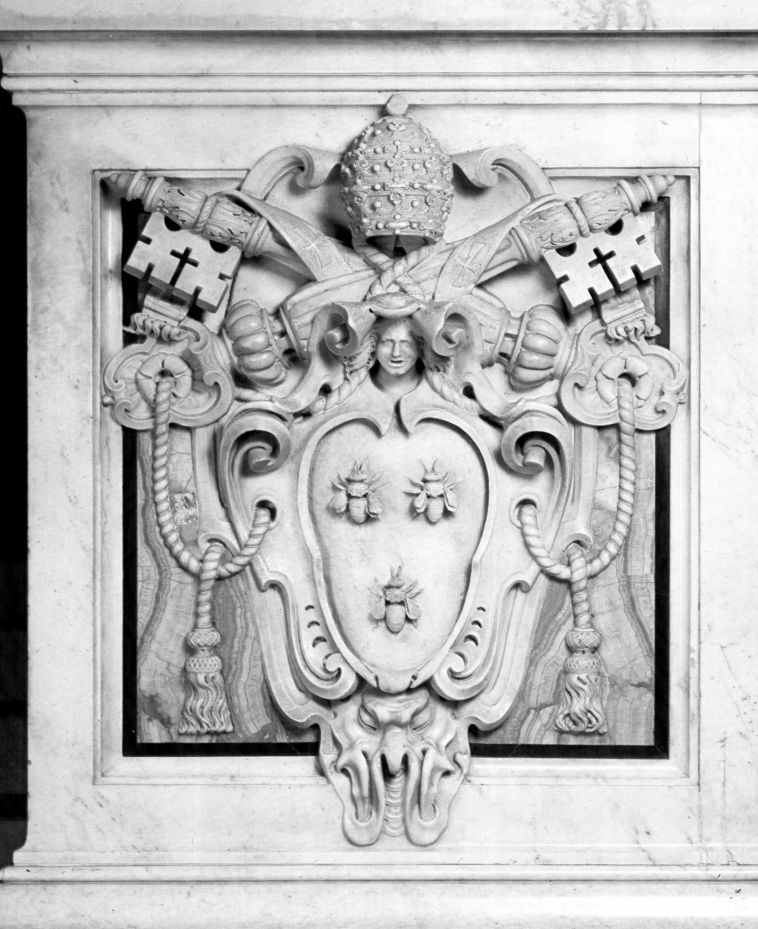

Dieses weibliche Antlitz – links in heiterer Ruhe, rechts schmerzlich verzerrt – stammt von den Reliefs auf den vier rechteckigen Piedestalen, die den Baldachin tragen. Wahrscheinlich handelt es sich um eine Barberini-Fürstin – eine von Papst Urban VIII. besonders bevorzugte Nichte –, die Bernini auf sieben oder acht Reliefs in Geburtswehen darstellte.

Die vier marmornen Piedestale oder Plinthen unter den Bronzesäulen zeigen das Wappen der Barberini (links). Oben befindet sich die päpstliche Tiara, darunter sind die gekreuzten Schlüssel Petri und ein Porträt der Papstnichte zu sehen. Mit Quasten geschmückte Kordeln binden die Schlüssel des Himmelreichs an ein Wappenschild der Barberini, auf dem die sinnbildlichen drei Bienen erscheinen.

Auf dem siebten Porträt, das Bernini auf den Marmorplinthen des Baldachins schuf (links), die in Angst und Qual verzerrten Züge der Frau im Kindbett. Ihr neugeborener Sohn (rechts) ist ein strammer Barberini-Stammhalter, dessen Kopf freilich kaum größer ist als die Bienen auf dem Wappenschild. Angeblich hatte die Nichte Urbans VIII. gelobt, diese Marmorplinthen zu stiften, falls sie – wie es dann geschah – Mutter eines Sohnes würde. Für diese Stiftung wurde ihr ein einzigartiger Lohn zuteil: Ihr eigenes und das Bildnis ihres Sohnes befinden sich auf dem schönsten Kunstdenkmal der Peterskirche – zwei der wenigen Porträts, die weder Heilige noch biblische Gestalten oder Päpste darstellen.

V

PIUS IX.

DAS VERLORENE
UND WIEDERGEWONNENE
PAPSTTUM

Tausende von Menschen drängten sich in den Straßen Roms, als Pius IX. am 17. Juli 1846 feierlich in den Vatikan einzog, und ganz Europa jubelte dem neuen »Vater aller Gläubigen« zu, der soeben Hunderten von politischen Gefangenen Amnestie erteilt hatte. Mit dem Ruf »Viva Pio Nono!« empfingen die Italiener ihren Papst. An diesem warmen und frohen Tag, knapp einen Monat nach Pius' Thronbesteigung, konnte niemand, nicht einmal der glühendste Reformator, ahnen, daß die begeisterten Massen sich am Ende dieses zweiunddreißigjährigen Pontifikats – des längsten und wohl ereignisreichsten der Geschichte – von Pius abwenden würden.

Giovanni Maria Mastai-Ferretti war ein Sohn des Kirchenstaats; er wurde 1792 in Senigallia als Kind wohlhabender und liberal gesinnter Eltern geboren, die ihren Sohn ermutigten, sich mit offenem, kritischem Geist dem Klerus zuzuwenden. In seiner Jugend hatte Ferretti epileptische Anfälle gehabt – einer davon war so schwer, daß er seine Studien für eine Weile unterbrechen mußte. Die Anfälle hörten nach und nach auf, und Ferretti schrieb seine Heilung der wohltätigen Wirkung von Weihwasser zu – ein Ereignis, das die in ihm schlummernde Spiritualität weckte. Als Priester gewann Ferretti den Eindruck, daß die Kirche ihren Gläubigen wenig Anregungen zu bieten hatte, und seine Kritik wurde um so härter, je mehr Pfarreien er kennenlernte. Er fand die Kirche intolerant gegen neue Ideen und ungeschickt in ihrem politischen Gebaren. Er fürchtete, daß die Kirche, falls sie den Strömungen der Zeit nicht größere Beachtung schenkte, den Einfluß in ihrem eigentlichen Wirkungskreis verlieren und als überholtes Relikt des Mittelalters abgetan werden würde.

Ein Porträt Pius' IX. Während seines Pontifikats versuchte der Papst, die weltliche Macht des Vatikans wiederzugewinnen.

Als Bischof gewann Ferretti mit seinem Führungsstil und durch seine Diskussionen über die Rolle der Kirche in der Gesellschaft viele Anhänger. Seine Freundlichkeit und Großherzigkeit waren aufrichtig, und mit seinem sarkastischen, selbstironischen Humor machte er sich überall beliebt. Als eine Nonne ihn bat, sein Autogramm unter eine Fotografie zu setzen, auf der er kaum zu erkennen war, schrieb Pius in Anlehnung an die Worte des auf dem Wasser wandelnden Christus: »Fürchtet euch nicht, ich bin es!« Abgesehen von den konservativen Kardinälen, die sich seiner Wahl zum Papst widersetzt hatten, war jeder von Pius eingenommen – von seinem ungewöhnlich guten Aussehen, seiner melodischen Stimme und seinem milden Wesen –, selbst jene, die befürchteten, er sei zu liberal.

Als Ferretti aus dem Konklave des Jahres 1846 als Papst Pius IX. hervorging, erließ er als erstes eine allgemeine Amnestie für politische Gefangene im Kirchenstaat. Den Namen Pius hatte Ferretti aus Ehrerbietung gegenüber Pius VII. gewählt, der 32 Jahre zuvor über die Schimpflichkeiten triumphiert hatte, die Napoleon Bonaparte ihm zufügen ließ. Der französische Kaiser hatte das Papsttum zu einer »veralteten Maschine« erklärt, war dann 1808 in Rom eingerückt und hatte 1809 den Kirchenstaat mit Frankreich vereinigt. Pius VII. selbst wurde als politischer Gefangener nach Frankreich deportiert. Doch als Napoleon 1814 abdanken mußte, kehrte Pius in sein geliebtes Rom und auf den Stuhl Petri zurück. Auch die Nachfolger Pius' VII. hatten kein Interesse, den Kirchenstaat aufzulösen oder die Macht des Klerus in die Hände von Laien zu legen.

Gregor XVI., 1831 zum Papst gewählt, gefiel sich in seiner absoluten Macht und sorgte für eine beträchtliche Verstärkung der päpstlichen Truppen. Von den europäischen Botschaftern in Rom waren es nur die Österreicher, die Gregor beschworen, auch nicht eine Handbreit seines politischen Sonderstatus in Italien aufzugeben. Gewillt, die eigenen Provinzen in Italien zu verteidigen, griff Österreich dem Kirchenstaat sogar militärisch und wirtschaftlich unter die Arme. Aber das italienische Volk ließ nicht locker, und wäre auf Gregor nicht Pius IX. gefolgt, die Flamme der Revolution hätte vermutlich viel früher auf den Kirchenstaat übergegriffen.

Pius' Reformtätigkeit machte ihn zum Helden des Volkes. Außer der Amnestie ordnete er die Heimkehr der Verbannten an, änderte ungerechte Gesetze, reorganisierte das Rechtswesen und das

Im November 1848 erdolchte ein Attentäter den Ministerpräsidenten des Kirchenstaates, Graf Pellegrino Rossi. Der Papst hatte viele Feinde, vornehmlich europäische Reformer, die danach trachteten, den Vatikan als politischen Faktor auszuschalten. Seine Hartnäckigkeit kam ihn teuer zu stehen. Die Ermordung Rossis trieb den Kirchenstaat weiter dem Untergang entgegen.

Strafrecht, nahm wesentliche Veränderungen der vatikanischen Finanzverwaltung vor und ließ im einflußreichen Ministerrat auch Laien zu. Und er förderte neue Entwicklungen in der Landwirtschaft und der Wissenschaft. Außerdem betrieb er eine liberale Pressepolitik, so daß Dutzende von Zeitungen und Zeitschriften erscheinen konnten. So hatte das Papsttum unter Pius binnen eines Jahres – bis zum Sommer 1847 – den Anschluß an das übrige liberale Europa gefunden.

Da er erkannte, daß die Präsenz österreichischer Truppen in Italien die Reformisten erbitterte und ihn in den Verdacht brachte, auf Unterstützung des Auslands angewiesen zu sein, lehnte Pius künftig die Intervention fremder Mächte ab. Fürst Metternich, der alternde Diplomat und erklärte Feind jeder Radikalität, bemerkte bitter: »Wir waren auf alles gefaßt, nur nicht auf einen liberalen Papst.«

Immer, wenn Pius sich auf den Straßen und Plätzen Roms zeigte, irritierten ihn die begeisterten Rufe der Bürger, die ihm zujubelten. Er war zwar froh darüber, dem Papsttum die Gunst des Volkes zurückgewonnen zu haben, aber er war keinesfalls bereit, Österreich den Krieg zu erklären. Aber genau das war es, was seine Anhänger von ihm erwarteten. Er konnte zwar verstehen, daß manche Leute diesen Krieg wollten; aber er konnte sich weder einen Geistlichen als General einer Armee vorstellen, noch daß die Mitglieder seiner Kirche die Hand gegeneinander erheben würden. Während Europa unaufhaltsam den Revolutionen entgegentrieb, die den Kontinent bald erschüttern sollten, wurde der Papst, dessen maßvolle Reformen man jetzt als ihrer Zeit unwürdig abtat, vom allgemeinen Geschehen zur Seite gedrängt. Metternich sagte voraus, daß der Papst sich mit seinem Zaudern um seine politische Souveränität bringen werde. Mit jedem Tag zeige er deutlicher, daß ihm gesunder Menschenverstand fehle, schrieb der Fürst über Pius. In einer liberalen Familie geboren und aufgewachsen, habe er eine schlechte Schule genossen. Er sei ein guter Priester, aber er habe sich niemals mit der Regierungskunst befaßt; wenn die Dinge ihren natürlichen Gang nähmen, werde der Papst aus Rom fortgejagt werden.

Als Pius einen Rückzieher machte und versuchte, seine populären Reformen von der Frage der Einheit Italiens abzukoppeln, stand er da wie ein Reaktionär, der die nationale Sache verriet. Die

Menschen wandten sich von ihm ab, und die höchsten Würdenträger der Kirche waren nicht sicher vor dem Hohn der Masse. In seiner Verzweiflung berief Pius gemäßigte Laien in politische Ämter, weil er hoffte, mit solchen Maßnahmen seine Gegner beschwichtigen zu können. Doch als der Ministerpräsident des Kirchenstaates, Graf Pellegrino Rossi, erklärte, das Papsttum sei »das einzig Große, das Italien geblieben sei«, lauerte der Pöbel ihm auf und ermordete ihn. Am Tag nach dem Attentat sangen bewaffnete Banden Preislieder auf die »heldenhaften« Mörder und rotteten sich auf der Piazza del Popolo zusammen, wo sie in Sprechchören die Abschaffung des Papstregiments forderten. Zunächst blieb Pius fest, indem er erklärte, wenn er jetzt nachgebe, werde man ihm künftig nur noch erlauben, »zu beten und zu segnen«. Doch als ein Feldgeschütz auf der Piazza aufgefahren wurde und Kugeln in die Fenster des Quirinalpalasts schlugen, blieb Pius nichts übrig als zu kapitulieren. Und als schließlich eine radikale Regierung aus Laien gebildet wurde, erkannte der Papst, daß den Menschen nichts, nicht einmal sein Amt, heilig war. Erst zwei Jahre auf dem Thron, mußte er aus Rom fliehen.

Aber Europa hatte Mitleid mit dem Papst. Selbst diejenigen, denen der Ausgang seines Streits gleichgültig war, boten ihm sichere und komfortable Zuflucht an. Königin Victoria lud den Papst ein, in England zu bleiben. Pius entschied sich schließlich für Gaeta im Königreich Neapel, im Süden des Kirchenstaates, und schmiedete mit Hilfe des französischen und des bayerischen Botschafters Fluchtpläne. Der französische Botschafter sollte den Papst in einer offiziellen Angelegenheit aufsuchen. Dann, während der Franzose mit lauter Stimme eine Depesche vorlas, verkleidete sich der Pontifex als einfacher Priester und schlüpfte in eine bereitstehende Kutsche, die ihn in Sicherheit brachte.

Und so erreichte der Papst wohlbehalten die Kirche, in welcher der bayerische Botschafter bereits auf ihn wartete, um ihn aus der Stadt hinaus und in die Albaner Berge zu fahren. Hier stand die Frau des Botschafters mit einer anderen Kutsche bereit. Sobald Pius in Gaeta in Sicherheit war, gab der Papst bekannt, daß er seine Residenz verlassen und außerhalb des Kirchenstaates Zuflucht gesucht habe, »um Meine Würde nicht zu kompromittieren und Mir nicht den Anschein zu geben, Ich würde die in Rom zu erwartenden Exzesse billigen«.

Politisch auf schwankendem Boden, spricht Pius IX. von der Estrade der Kirche San Giuseppe dei Falegnami zum Volk, das sich auf dem Forum Romanum versammelt hat. Französische Truppen, vom Vatikan zu Hilfe gerufen, umringen die Gläubigen, um etwaige Unruhestifter oder Attentäter abzuschrecken.

1850 kam Louis Napoleon, der französische Präsident und spätere Kaiser Napoleon III., Pius zu Hilfe und eroberte den Amtssitz des Papstes in Rom zurück. Die Beweggründe des Kaisers waren selbstsüchtiger Art, da ein politisch geteiltes Italien, in welchem ein mächtiges Papsttum mit der zivilen Regierung um die Kontrolle im Lande rang, für die Sicherheit Frankreichs keine Gefahr darstellte.

Aber der endgültige Untergang des Kirchenstaates war nicht mehr abzuwenden. Die kümmerliche Armee des Papstes konnte auch mit französischer Verstärkung nicht hoffen, die Einigung des italienischen Staates aufzuhalten. Radikale, Liberale und Konservative hatten sich alle gegen den Kirchenstaat zusammengetan. Männer wie Giuseppe Mazzini, der Führer der Radikalen, wollten eine geeinte Republik, der Soldat Giuseppe Garibaldi dagegen strebte gemeinsam mit dem Herrscherhaus Sardinien ein geeintes Königreich an. In beiden Fällen wäre es mit der päpstlichen Souveränität vorbei gewesen.

Vom politischen Geschehen ausgeschlossen und seiner weltlichen Macht entkleidet, wandte Pius seine Aufmerksamkeit wieder geistlichen Dingen zu. Er war aus dem Exil als angefeindeter Mann und Gegner aller innerkirchlichen Modernisierungsversuche zurückgekehrt. Pius wollte mit der italienischen Einigung nichts zu tun haben und tat alles, was in seinen Kräften stand, um von seinem souveränen Zwergstaat aus die Kirche von religionsfeindlichen Ideen reinzuhalten. Die Vorgänge in Italien betrachtete er als eine Empörung gegen Anstand und Sitte. Und er war entschlossen, für die Erneuerung des katholischen Glaubens zu sorgen. 1854 hatte Pius die Lehre von der Unbefleckten Empfängnis Mariä zum katholischen Dogma erhoben und damit ein neues Aufblühen der Marienverehrung eingeleitet.

Er war auch bemüht, den politischen Liberalismus in der Kirche zurückzudrängen. Aus diesem Grund verurteilte er in dem Syllabus der achtzig »hauptsächlichsten Irrtümer unserer Zeit« den sozialen Wandel, die Bibelkritik und die Trennung von Kirche und Staat. An der Position der Kirche läßt der Syllabus keinen Zweifel – der achtzigste Irrtum ist, »der römische Papst solle und könne sich mit dem Fortschritt, dem Liberalismus und der modernen Zivilisation aussöhnen und verständigen«.

Im Jahr 1869 eröffnete Pius das Erste Vatikanische Konzil und

Am 8. Dezember 1869 eröffnete Papst Pius IX. das Erste Vatikanische Konzil, an dem mehr als 700 stimmberechtigte Prälaten aus aller Welt teilnahmen. Auf Drängen des Papstes beschloß das Konzil das Dogma von der Unfehlbarkeit des Papstes in Fragen des Glaubens und der Sittenlehre.

brachte die über 700 stimmberechtigten Prälaten dazu, das von ihm angestrebte Dogma der Unfehlbarkeit des Papstes anzuerkennen. Das Konzil stimmte dem umstrittenen Dogma, bei dem es vor allem um die Kathedralentscheidungen des Papstes in Fragen des Glaubens und der Sitte geht, mehrheitlich zu, und der Erfolg war eine Stärkung der päpstlichen Position gegen den modernen Rationalismus und Liberalismus.

Noch zwanzig Jahre lang nach seiner Rückkehr aus Gaeta behauptete der Papst seinen Platz in Rom, selbst dann noch, als Viktor Emanuel II., der einstige König von Sardinien, 1861 zum ersten König des geeinten Italiens gekrönt worden war. Aber die Allianz mit Frankreich ging in die Brüche. 1870 zogen die Deutschen gegen Napoleon III., und als sich die französischen Armeen anschickten, Italien zu verlassen, bliesen die italienischen Militanten zum Angriff.

Pius besaß so gut wie keine Vergeltungswaffen. Für den römischen Oberhirten waren die italienischen Soldaten Diebe, Ausgeburten der Hölle, Kinder Satans. Trotzdem rüstete er zum Widerstand. Doch anstatt seine Leute in die Schlacht zu schicken, erteilte er ihnen seinen Segen. Es sollte die letzte Amtshandlung eines Papstes im päpstlichen Rom sein – man schrieb den 9. September 1870. Binnen weniger Stunden begannen die italienischen Truppen mit dem Bombardement der Stadttore, und Pius ließ auf der Kuppel der Peterskirche die weiße Fahne aufziehen. Rom war nun unwiderruflich ein Bestandteil des geeinten Königreichs Italien geworden. Pius IX. zog sich als »freiwilliger Gefangener« in den Vatikan zurück, nachdem er die ihm angebotenen Bedingungen zurückgewiesen hatte. Als ihm zum erstenmal die vom italienischen Staat ausgesetzte Jahresrente von 3225000 Lire zuging, lehnte er es ab, sich auf diese Lösung einzulassen.

Aber trotz seiner Demütigung und Niederlage trug der Papst doch einen Sieg davon: Er weigerte sich, den in der modernen Welt vorherrschenden Denkweisen nachzugeben und gewann damit die Achtung und Treue jener römisch-katholischen Gläubigen, die über sein Pontifikat genauso dachten wie ein Kardinal, der meinte: »Wenn einmal die Geschichte des Pontifikats Pius' IX. geschrieben werden wird, wird man es als eines der strahlendsten, majestätischsten und kraftvollsten erkennen – als ein Pontifikat, das die Kirche in ihrer ganzen Breite stärker bewegt hat als irgendein anderes in der Kirchengeschichte.« Auch wer diese Auffassung nicht teilte, konnte nicht bestreiten, daß »Pio Nono« es in seinen letzten Jahren mit Würde und Geschick verstand, den Heiligen Stuhl vor dem Bankrott zu bewahren.

Ohne seine politische Stellung hatte Pius keinerlei Einkünfte mehr, und doch rettete er trotz seiner Isolation im Vatikan die Kirche, indem er die mittelalterlichen Abgaben und Schenkungen wieder einführte, die als Peterspfennig bekannt waren. Das bedeutete einfach, daß er Zuwendungen von den Gläubigen erbat. Er wandte sich an die gesamte katholische Hierarchie und ließ durch Bischöfe und Priester die immer zahlreicher werdenden Kirchen in aller Welt um Zuwendungen zugunsten des Papstes aufrufen. Und die Geschenke von Katholiken aus aller Herren Länder ließen nicht auf sich warten. Und mit diesen Mitteln schaffte Pius erneut einen päpstlichen Kirchenschatz. Viele der Geschenke waren Kultgegenstände für die Messe, die Segnung und andere Stationen des Gottesdienstes.

Es gelang Pius, wieder zu einem Machtfaktor in Italien zu werden, ungeachtet seines politischen Sturzes und seiner extremen, um nicht zu sagen reaktionären Ansichten. Er ließ mehr fremde Länder missionieren als irgendeiner seiner Vorgänger und erlebte das Aufblühen katholischer Gemeinden in Kanada, Australien und den Vereinigten Staaten sowie eine katholische Erneuerung in ganz Europa. Diesen Millionen von Gläubigen war Pius ein Heiliger – ein Mann, den man um seiner langen Amtszeit willen verehren und für seine Standhaftigkeit bewundern mußte.

Pius hatte die gesellschaftlichen und politischen Veränderungen, die sich rings um ihn vollzogen, nicht nur ignoriert; er hatte tatkräftig versucht, sie mit religiösen Lehrsätzen zu bekämpfen. Indem er den Kult des hl. Petrus besonders förderte, erklärte Pius sich zum Erben der Vollmachten jenes ersten Jüngers Jesu und der ursprünglichen päpstlichen Oberherrschaft. Das Dogma von der Unbefleckten Empfängnis Mariä, das zu einer erneuten Verehrung der Gottesmutter Anlaß gab, hatte die geistliche Führungsposition des Papstes gestärkt. So streng manche seiner Lehren auch sein mochten – insbesondere der anklagende Syllabus der Irrtümer –, Pius war vor allem eine Vaterfigur für seine Gläubigen, für die er die Kirche vor den Verwüstungen der modernen Welt gerettet hatte.

Pius IX. in seinem privaten Eisenbahnwaggon auf einer Reise durch Italien, wo er überall über die Lehren sprach, mit denen er die geistliche Autorität des Vatikans wiederherzustellen hoffte. Zu diesen Lehren gehörten die Erneuerung der Marienverehrung und die Einführung des »Peterspfennigs«, einer Abgabe an den Apostolischen Stuhl.

In Rom hatte Pius sich stets für die Schaffung sozialer Einrichtungen und die Restaurierung alter Gebäude, vor allem von Kirchen und Plätzen, eingesetzt. Er sorgte für den Umbau oder die Ausschmückung vieler ehrwürdiger römischer Basiliken – darunter Santa Maria Maggiore, San Lorenzo fuori le mura und San Paolo fuori le mura – und gab Standbilder der Heiligen Petrus und Paulus in Auftrag. 1852 legte Pius den Grundstein zu einer der bedeutendsten Sammlungen frühchristlicher Kunst, als er die Ausstellung von Funden aus den Katakomben veranlaßte. Hätte Pius nicht die Finanzen der Kirche sanieren müssen, so hätte er sich zweifellos mehr als Kunstmäzen betätigt; denn er liebte die Tradition der kirchlichen Bildhauerei und Malerei und zeigte sich als Kenner der feinsten Materialien und Techniken.

Bis zu seinem Tode im Jahr 1878 blieb Pius eine umstrittene Gestalt. Und als sein Leichnam 1881 umgebettet wurde, schleuderte eine wütende Menschenmenge zum Entsetzen der Frommen Steine nach dem Sarg des Papstes. Pius war nicht der einzige Papst, der als freiwilliger »Gefangener« im Vatikan starb. Alle seine Nachfolger waren bis 1929 auf diese Weise eingeschränkt. Dann kam es endlich zu einem Konkordat zwischen dem Heiligen Stuhl und dem italienischen Staat und zur Gründung des Vatikanstaates als einer selbständigen politischen Einheit in Italien.

Obgleich Papst Pius IX. der letzte Pontifex war, der als Oberhaupt eines souveränen Staates fungierte, hat das Papsttum nicht aufgehört, spürbare Autorität in weltlichen und geistlichen Dingen auszuüben. Einer der Gründe für die Langlebigkeit der Kirche ist die unerschütterliche Glaubenskraft, die sich in Tausenden von Kunstgegenständen jeder Größenordnung bekundet. Angefangen bei den zahlreichen liturgischen Geräten, die den Weg in den Vatikan fanden, um Papst Pius zu trösten und zu stützen, über den gewaltigen Bronzebaldachin auf dem Petrusgrab und die Fresken der Sixtinischen Kapelle bis zu einer verblaßten Wandmalerei des Guten Hirten in den Katakomben haben die Kunstschätze der Päpste stets einem Zweck gedient und sich zu einem künstlerischen Ganzen gefügt. Die Kunstschätze der katholischen Kirche sind in ihrer Gesamtheit Sinnbild einer Institution, die siegreich geblieben ist – Symbole eines Amtes, das nie aufgehört hat darum zu ringen, sich in der zeitlichen, irdischen Welt ebenso zu bewähren wie in der ewigen.

GESCHENKE
DER GLÄUBIGEN

*Eine Spange mit einem von Bergkristallen umrahmten
Topas, einem Aquamarin und einem Granat. Eines der
zahllosen Geschenke, die Pius IX. von Gläubigen erhielt.*

Nachdem der Papst sich in den letzten Jahren seines Pontifikats von weltlich-politischen Angelegenheiten ab- und geistlichen Dingen zugewandt hatte, lohnten es ihm die Gläubigen und überhäuften ihn mit Geschenken. So wurde seine Autorität in religiösen Dingen bekräftigt und der nahezu erschöpfte Kirchenschatz mit goldenen Schwertern, juwelenbesetzten Kronen und Gefäßen aus Gold und Silber wieder aufgefüllt. Die auf den folgenden Seiten gezeigten Tiaren, Kelche, Meßgewänder und Altarrequisiten haben seither Verwendung beim bedeutendsten kirchlichen Ritus, dem Zelebrieren der Messe, gefunden.

Die Vorliebe des Papstes für Kirchengerät war mit der Zeit so überholt wie seine Politik, und die von ihm bevorzugten Geschenke spiegelten seine Leidenschaft für kostbare Materialien und prächtige Entwürfe wider. Statt schlichter Kleidung bevorzugte er prunkvolle Meßgewänder aus Brokat; viele seiner Kleidungsstücke und festlichen Gerätschaften waren mit einzigartigen Juwelen besetzt. Wenn dem Papst ein Geschenk nicht zusagte, legte er es beiseite, verkaufte es oder ließ es seinen Vorstellungen entsprechend umarbeiten. Unzufrieden mit einem massiv goldenen Harnisch aus der Türkei, ließ Pius daraus von einem Goldschmied den diamantenbesetzten Kelch auf Seite 157 anfertigen.

Die Kunstschätze, die der Papst ansammelte, füllten nicht nur die Kassen des Vatikans wieder auf, sondern gaben ihm auch seinen Glanz zurück. Waren die Kostbarkeiten mitunter auch prunkvoll und überladen, so verliehen sie dem Papsttum doch einen Abglanz der einstigen Macht und Größe.

Links: Eine Taube, das christliche Sinnbild des Friedens und der Reinheit, ziert das goldene Heft dieses Schwertes – spadone genannt –, einer zeremoniellen Waffe des Papstes, die das Märtyrertum symbolisiert. Die vergoldete Klinge ist 113 cm lang und trägt als Inschrift den Namen des Papstes. Am Schwertgriff befinden sich vier weibliche Figuren als Verkörperung der Tugenden Tapferkeit, Glaube, Gerechtigkeit und Nächstenliebe.

Rechts: Wie jede Kopfbedeckung des Papstes wird auch diese Tiara – eine dreifache Krone, die die Heilige Dreifaltigkeit darstellt – von einem Kreuz gekrönt, das, hier aus Gold und Diamanten, auf einer Kugel aus Lapislazuli steht. Auf den Enden der silbernen Vittae (ein die Stirn einfassendes Saumband) befindet sich in einem Emaillemedaillon das päpstliche Wappen. Der Papst trug diese juwelenbesetzte Tiara (Ausschnitt S. 148/149) bei seiner Krönung im Jahr 1846. So wurde sie zum Sinnbild der weltlichen Macht des Papsttums.

Die Lilien auf der Tiara Pius' IX. symbolisieren die Reinheit der Muttergottes. Dazwischen ranken stilisierte Weinreben empor, die, verziert mit Halbedelsteinen in vielen Farben, durch blau emaillierte Ränder unterbrochen werden. Das Netzwerk der Tiara ist aus Silber, dem Material, das für alle Tiaren vorgeschrieben ist; der weiße Schimmer dieses Edelmetalls versinnbildlicht die Reinheit und Keuschheit.

Diese kostbare Kasel, aus purem Gold und Silber gewoben, ist mit Farnblattmotiven bestickt. Farnkraut gilt als Symbol christlicher Demut, weil seine Schönheit im Dikkicht des Waldes verborgen ist. Auch die Zeichen für Gott Vater und Apostel Petrus sind auf das Meßgewand aufgestickt; oben die Rückseite des Kleidungsstücks; links, im Ausschnitt, die Vorderseite.

Die Muttergottes, mit einem Heiligenschein aus Diamanten, setzt ihren Fuß auf ein Sinnbild der Ewigkeit, eine rotäugige Schlange. Pius IX. erhielt das Gewand 1867 von den Bürgern der norditalienischen Stadt Bergamo zum Geschenk.

ON

SÆ

ns manus, elevans ad cœlum
profunde inclinatus ante Al-
sitis, dicit :

hábeas, et benedícas, Jungat manus, deinde signet ter super obla-
ta, hæc ✠ dona, hæc ✠ múnera,
hæc ✠ sancta sacrificia illibáta, Ex-
tensis manibus prosequitur: in pri-
mis quæ tibi offérimus pro Ecclésia
tua sancta cathólica; quam paci-
ficáre, custodíre, adunáre, et régere
dignéris toto órbe terrárum, una
cum fámulo tuo Papa nostro N. et
Antístite nostro N. et ómnibus or-
thodóxis, atque Cathólicæ et Apo-
stólicæ fídei cultóribus.

Commemoratio pro vivis.

Meménto, Dómine, famulórum
famularúmque tuárum N. et N.

Das silberne Meßpult und das reich illuminierte Missale waren Geschenke, die Pius IX. anläßlich des 50. Jahrestags seiner Priesterweihe von den Direktoren der sieben großen römischen Krankenhäuser übergeben wurden. Das Pult trägt in Latein das Datum des 18. April 1869: » ...an welchem Tage vor fünfzig Jahren Pius IX. zum ersten Male die Messe las«. Das in Leder gebundene liturgische Buch ist beim Kanon aufgeschlagen, dem Kernstück der Messe. Das Pult ist geschmückt mit vergoldeten Figuren der Apostel, mit emaillierten Verzierungen und dem von Diamanten gekrönten und mit Rheinkristallen umsäumten Bildnis der Muttergottes.

Den Meßkelch links – ein silbervergoldetes Gefäß auf einem mit Juwelen besetzten, emaillierten Fuß – benutzte Pius IX. anläßlich einer besonderen Messe im Jahr 1875. Rechts ein Ausschnitt dieses Kelchs mit der vergoldeten Patene, dem Teller für die Hostien. In der Mitte der
Patene das Emailbild eines Lamms, des zeitlosen Symbols des Erlösers, dessen Leib und Blut
bei der hl. Kommunion als Brot und Wein dar-
gereicht werden. Aufgrund eines päpstlichen
Erlasses aus dem 9. Jh. müssen geweihte Meß-
geräte – einst bescheiden aus Holz, Glas oder
Horn gearbeitet – aus Edelmetallen bestehen.

EIN POLNISCHER MESSKELCH

156

EIN MESSKELCH MIT PERLEN UND GRANATEN

Die hier abgebildeten Meßkelche aus Gold und Silber wurden von Pius IX. bei besonderen Messen benutzt. Den Kelch auf Seite 156 links erhielt der Papst 1869 anläßlich des 50. Jahrestags seiner Ordination zum Bischof von den Katholiken der polnischen Stadt Leopolis zum Geschenk. Auf dem Kelch befinden sich Reliefs und Figurinen von Engeln und polnischen Heiligen. Der Kelch auf Seite 156 rechts ist aus vergoldetem Silber und mit Granaten und Perlen besetzt, die wie Schnüre den blütenförmigen Fuß säumen. Der goldene Meßkelch rechts (und im Ausschnitt auf Seite 158/159) zeigt eine kostbare Inkrustation aus 500 Diamanten sowie rotem und blauem Email. Pius ließ das Stück aus einem Prunkharnisch anfertigen, den ihm ein türkischer Sultan geschenkt hatte. Der Papst benutzte diesen Diamantkelch erstmals 1854.

EIN MESSKELCH MIT DIAMANTEN

SEITE 158/159: Ein mit Diamanten besetztes Band aus Email umgibt den Fuß des oben abgebildeten Kelchs. Der Goldschmied, der das Gefäß aus einem Harnisch herstellte, schmolz das Metall zunächst ein und versah dann den von ihm geschaffenen Kelch mit der Emailauflage. Dieses Meßgerät benutzte Pius IX. – und später alle seine Nachfolger – bei der Weihnachts- und Ostermesse.

Drei betende Engel knien am Fuß der rechts abgebildeten Monstranz, eines Gefäßes, in dem den Gläubigen die Hostie gezeigt wird. Links einer der drei Engel in vergrößertem Ausschnitt. Laut Kirchengesetz wird die durch die Glasscheibe sichtbare Hostie in einem vergoldeten Halter aufbewahrt und darf mit dem Glas nicht in Berührung kommen. Ein mit Topasen besetztes Kreuz krönt das Gefäß aus Silber und Gold, das noch mit den Büsten der vier Evangelisten Matthäus, Markus, Lukas und Johannes sowie dem uralten christlichen Symbol des Pelikans geschmückt ist. Pius erhielt diese Monstranz 1850 von den Gläubigen der französischen Stadt Besançon.

SEITE 162/163: *Wie der Pelikan (oben und auf den folgenden Seiten im Detail), der sich mit dem Schnabel selbst durchbohrt und sein Blut für seine Jungen vergießt, so opferte Christus sich für die, die an ihn glauben. Die Glasscheibe wird von Topasen und Granaten eingefaßt.*

Diese Monstranz (im Ausschnitt rechts und auf den S. 166/167), ebenfalls aus vergoldetem Silber gearbeitet, zeigt eine seltene Form der Muttergottesverehrung. Ihre auf Wolken schwebende Gestalt wird von einem großen goldenen Stern überstrahlt. Unter der Figur der Jungfrau, die in ihrer Hand ein Schwert hält, um das Böse zu vernichten, stehen in einem Schrein drei Erzengel – Michael, Raphael und Gabriel. Die Monstranz ist mit kostbaren Juwelen und verschiedenfarbigen Steinen besetzt.

Sechs silbervergoldete Engel, auf einem mit Juwelen verzierten Sockel kniend, beten die Muttergottes an, die über ihnen schwebt, wie es der himmlischen Hierarchie entspricht.

SEITE 168/169: *Ein vergoldeter Strahlenkranz umgibt die wiegenförmige Halterung für die Hostie, die in der katholischen Kirche im Mittelpunkt der Verehrung steht.*

ZEITTAFEL

PÄPSTE	HISTORISCHE EREIGNISSE	KUNST UND ARCHITEKTUR

FRÜHZEIT UND MITTELALTER

PÄPSTE		HISTORISCHE EREIGNISSE		KUNST UND ARCHITEKTUR	
48–64	Petrus	64	Brand Roms; unter Kaiser Nero beginnen die Christenverfolgungen; Märtyrertod des Apostels Petrus		
		ca. 200	Christliche Begräbnisstätten in den Katakomben	ca. 200	Frühe Katakombenmalerei (Calixtus-Kapelle)
		258	Martyrium des hl. Laurentius, der sich geweigert hatte, den Kirchenschatz auszuliefern		
				ca. 300	Die Kapelle Sancta Sanctorum im alten päpstlichen Lateranpalast dient zur Aufbewahrung der ehrwürdigsten Kirchenschätze
		303	Christenverfolgung unter Diokletian		
		313	Kaiser Konstantin erläßt Edikt von Mailand zum Schutz der Christen		
314–335	Silvester I.	330	Konstantinopel wird Hauptstadt des Römischen Reichs	ca. 330	Entstehung der alten Petersbasilika
		337	Tod Kaiser Konstantins		
		410	Westgoten fallen in Italien ein		
440–461	Leo I.	452	Hunnen fallen in Italien ein		
		455	Vandalen fallen in Italien ein		
		468	Langobarden fallen in Italien ein		
				529	Gründung des Benediktinerordens in Monte Cassino; die ersten Klosterbauten entstehen
590–604	Gregor I.	ca. 600	Die ersten Mönche gehen als Missionare nach Westeuropa und England		
752–757	Stephan II.	754	Bündnis zwischen Papst Stephan II. und Pippin dem Kleinen; aus eroberten Gebieten entsteht der Kirchenstaat		
795–816	Leo III.	800	Kaiserkrönung Karls des Großen durch Leo III.; Blüte der Kirche		
817–824	Paschalis I.	846	Arabische Sarazenen fallen in Rom ein und plündern St. Peter		
1073–1085	Gregor VII.			ca. 1145	Der Bau des Vatikanpalastes wird begonnen
1294–1303	Bonifaz VIII.				
1305–1314	Clemens V.	1309	Clemens V. verlegt Papstsitz nach Avignon (Beginn der »Babylonischen Gefangenschaft der Kirche«)		
1370–1378	Gregor XI.	1376	Ende der »Babylonischen Gefangenschaft der Kirche«; Gregor XI. verlegt die päpstliche Residenz in den Vatikan		
1378–1389	Urban VI.	1378–1417	Das große abendländische Schisma spaltet die Kirche		
		1414–1418	Das Konstanzer Reformkonzil beendet das abendländische Schisma		
1417–1431	Martin V.	1440	Friedrich III. wird römisch-deutscher Kaiser		
1447–1455	Nikolaus V.				

RENAISSANCE

PÄPSTE		HISTORISCHE EREIGNISSE		KUNST UND ARCHITEKTUR	
1455–1458	Calixtus III.	1453	Die Türken erobern Konstantinopel		
1458–1464	Pius II.	1459	Pius II. ruft auf dem Kongreß zu Mantua vergeblich zum Kreuzzug auf		
				1460	Pius II. beauftragt Bernardo Rossellino mit der Umgestaltung der Stadt Corsignano, die künftig Pienza heißt
1471–1484	Sixtus IV.			1473	Bau der Sixtinischen Kapelle
1484–1492	Innozenz VIII.			1492–1494	Entstehung der Fresken Pinturicchios in den Borgia-Gemächern
1492–1503	Alexander VI.	1499	Cesare Borgia erobert für Alexander VI. weite Teile des Kirchenstaats		
1503–1513	Julius II.			1505	Auf Wunsch Julius' II. beginnt Michelangelo mit dem Grabmal des Papstes in der Engelsburg
				1506	Michelangelo schafft das Bronzedenkmal des Papstes in Bologna
		1510/11	Martin Luthers Reise nach Rom	1510–1514	Entstehung der Stanzen Raffaels
		ca. 1511	Julius II. erobert mit der päpstlichen Streitmacht Gebiete für den Kirchenstaat		
				1512	Michelangelo beendet das Deckengemälde in der Sixtina
1513–1521	Leo X.	1517	Martin Luther stellt seine 95 Thesen auf; Ausgangspunkt der Reformation	1514	Nach dem Tod Bramantes wirkt Raffael für kurze Zeit am Neubau der Peterskirche mit

-1549	Paul III.	1527	Truppen Kaiser Karls V. erobern Rom und plündern den Vatikan	
		1545	Erstes Tridentinisches Konzil (bis 1547); Erneuerung der katholischen Kirche	
-1559	Paul IV.			1547 Michelangelo wirkt als Baumeister an der Vollendung der Peterskirche mit
		1571	Sieg über die Türken in der Schlacht bei Lepanto	
-1590	Sixtus V.			1585 Giacomo della Porta führt den Plan Michelangelos für die Peterskirche aus

DIE ZEIT NACH DER REFORMATION

-1621	Paul V.			
-1644	Urban VIII.	1626	Urban VIII. weiht die neue Peterskirche	1626 Bernini beginnt mit dem Baldachin für den Hochaltar der Peterskirche
				1629 Bernini beendet die Bauarbeiten am Palazzo Barberini
		1631	Galilei veröffentlicht sein Werk, in dem er für die Lehre Kopernikus' eintritt	
		1633	Galilei wird vom Heiligen Offizium zum Widerruf der kopernikanischen Lehre gezwungen	1633 Bernini enthüllt den Baldachin
				1657 Bernini gestaltet den Petersplatz
				1663 Bernini baut die Scala Regia
-1799	Pius VI.			
-1823	Pius VII.	1809	Napoleon reklamiert den Kirchenstaat für Frankreich; Pius VII. als politischer Gefangener in Savona	
		1814	Napoleon dankt ab; Pius VII. kehrt nach Rom zurück	
-1846	Gregor XVI.			
-1878	Pius IX.	1846	Pius IX. erläßt im Kirchenstaat eine Amnestie für politische Gefangene	
		1848	Errichtung einer radikalen weltlichen Regierung; Pius IX. flieht aus Rom nach Gaeta	
		1850	Französische Truppen stellen die päpstliche Herrschaft wieder her; Pius IX. kehrt nach Rom zurück	1852 Pius IX. beginnt, frühchristliche Kunstdenkmäler zu sammeln
		1854	Pius IX. erklärt die Lehre von der Unbefleckten Empfängnis Mariä zum Dogma	
		1861	Viktor Emanuel II. wird zum ersten König des geeinten Italien gekrönt	
		1864	Pius IX. unterzeichnet den Syllabus (Aufstellung von verurteilten Lehrmeinungen)	
		1868	Pius IX. beruft das Erste Vatikanische Konzil ein, das das Dogma von der »Unfehlbarkeit des Papstes« beschließt	
				1869 Von den Direktoren römischer Krankenhäuser bekommt Pius IX. ein silbernes Meßpult und ein illuminiertes Missale
		1870	Beginn des deutsch-französischen Krieges; Napoleon III. zieht seine Truppen aus Rom ab. Der Kirchenstaat wird Teil des geeinten Italien. Pius IX. betrachtet sich als »Gefangenen des Vatikans«	ca. 1870 Pius IX. ordnet Umbauten an römischen Basiliken wie Santa Maria Maggiore oder San Lorenzo fuori le mura an
—1939	Pius XI.	1929	Lateranvertrag und Konkordat zwischen dem Heiligen Stuhl und Italien; Bildung des souveränen Vatikanstaats	

DANKSAGUNG UND BILDQUELLENVERZEICHNIS

Der Verlag dankt folgenden Personen und Institutionen für die Mitarbeit an diesem Buch: Dr. Robert Calkins, Cornell University, Ithaca, N. Y.; Dr. Theodore Feder, Editorial Photocolor Archives, N. Y.; Mons. Ennio Francia und Giorgio Patrignani, Capitolo di San Pietro in Vaticano; Geraldine Howard, Time Editorial Services, N. Y.; David Lees, Florenz, Dott.ssa Silvia Meloni, Soprintendenza per I Beni Artistici e Storici di Firenze; Pontifical Commission for Social Communications, Città del Vaticano; Padre Alfonso Rossi, Città del Vaticano; Simonetta Toraldo, Time-Life News Service, Rom; Dott. Pietro Torrito, Soprintendente per I Beni Artistici e Storici di Siena; Ecc.za Rev. Mons. Pietro Van Lierde, Vicario Generale di Sua Santitá per la Città del Vaticano; Sac. Giotto Vegni, Museo del Duomo, Pienza.

Karten: H. Shaw Borst

2: Colorphoto Hinz, Basel. 4—5: Scala/Editorial Photocolor Archives. 6: Leonard von Matt/Photo Researchers. 11: Pontificia Commissione di Archeologica Sacra, Rom. 12: John Rylands University Library of Manchester, England. 13: Scala/Editorial Photocolor Achives. 14—15: Mauro Pucciarelli, Rom. 16: Scala/Editorial Photocolor Archives. 17: Erich Lessing/Magnum. 18—19: Leonard von Matt/Photo Researchers. 20 oben: Erich Lessing/Magnum. 20 unten: Scala/Editorial Photocolor Archives. 21: Erich Lessing/Magnum. 22+23: Mauro Pucciarelli, Rom. 24: Scala/Editorial Photocolor Archives. 25: Mario Carrieri, Mailand. 26—27: Edizioni Torre, Rom. 28—41: Leonard von Matt/Photo Researchers. 43—45: Scala/Editorial Photocolor Archives. 46: British Museum. 47: Scala/Editorial Photocolor Archives. 48—49: Maurice Babey/Ziolo. 50—51: Leonard von Matt/Photo Researchers. 52—53: Scala/Editorial Photocolor Archives. 54—55: Topkapi Palace Museum, Sonia Halliday, London. 56: Scala/Editorial Photocolor Archives. 57: Ernst Heiniger, Zürich. 58—61: David Lees, Florenz. 62—63: Giraudon. 64—69: David Lees, Florenz. 71: Mark Kaufman, Life Magazine, © Time Inc. 72—78: Scala/Editorial Photocolor Archives. 79: Lauros-Giraudon. 81: Mauro Pucciarelli, Rom. 82: Biblioteca Medicea Laurenziana, Florenz. 84—85: British Museum. 86: Detroit Institute of Arts. 87: Casa Buonarotti, Florenz. 88—91: Metropolitan Museum of Art, N. Y. 92—93: British Museum. 94—95: Museum Boymans van Beunigen, Rotterdam. 96: Casa Buonarotti, Florenz. 97: Ashmolean Museum, Oxford. 99—102: Photo Balestrini, Rom. 103: British Museum. 104: Louvre, Paris. 105: Casa Buonarotti, Florenz. 106: Dmitri Kessel, Paris. 108—109: Biblioteca Apostolica Vaticana, Archivo Fotografico, Rom. 110—111: Photo Tomisch, Rom. 112—117: David Lees, Florenz. 118—119: Mauro Pucciarelli, Rom. 120: Musei Vaticani, Archivo Fotografico, Rom. 121: Dmitri Kessel, Life Magazine, © Time Inc. 122—125: Scala/Editorial Photocolor Archives. 126—127: Ron Weidenhoeft/Saskia/Editorial Photocolor Archives. 128: Leonard von Matt/Photo Researchers. 129—135: Ron Weidenhoeft/Saskia/Editorial Photocolor Archives. 136: Mauro Pucciarelli, Rom. 138—139: Giancarlo Costa, Rom. 143: Gabinetto Communale Stampe, Rom. 145—169: David Lees, Florenz.

WEITERFÜHRENDE LITERATUR

Bamm, Peter, *An den Küsten des Lichts*. München.

Bihlmeyer, Karl, und Tüchle, Hermann, *Kirchengeschichte* (3 Bände). Paderborn 1952.

Burckhardt, Jacob, *Der Cicerone*. Stuttgart 1978.

Calvesi, Maurizio, *Der Vatikan und seine Kunstschätze*. Stuttgart 1962.

Chastel, A., *Die Kunst Italiens* (2 Bände). München 1961.

Dvořák, Max, *Geschichte der italienischen Kunst im Zeitalter der Renaissance* (2 Bände). München 1929.

Einem, Herbert, *Michelangelo*. Stuttgart 1959.

Haller, Johannes, *Das Papsttum*. Urach 1950.

Henze, A., *Rom und Latium* (Reclams Kunstführer Italien, Band 5). Stuttgart 1962.

Läpple, Alfred, *Kirchengeschichte in Dokumenten*. Düsseldorf 1958.

Paatz, Walter, *Die Kunst der Renaissance in Italien*. Stuttgart 1953.

Pastor, Ludwig Freiherr von, *Geschichte der Päpste seit dem Ausgang des Mittelalters*. Freiburg 1955.

Ranke, Leopold von, *Die Geschichte der Päpste*. Wiesbaden.

Schuchert, August, und Schütte, Heinz, *Die Kirche in Geschichte und Gegenwart*. Kempen 1970.

Seppelt-Löffler, *Papstgeschichte von den Anfängen bis zur Gegenwart*. Bonn 1940.

Vasari, Giorgio, *Lebensläufe der berühmtesten Maler, Bildhauer und Architekten*. Zürich.

REGISTER

Kursiv gedruckte Seitenzahlen beziehen sich auf Abbildungen und Bildunterschriften